MÉMOIRES

D'ANNE DE GONZAGUES,

PRINCESSE PALATINE.

ERRATA.

PAGE 15, ligne 7, *vives couleurs*, lisez *sombres couleurs*.

Page 21, ligne 8, *de ces reſſentimens*, lisez *de ſes*.

Page 22, ligne 11, *le Comte Olivarès*, lisez *d'Olivarès*.

Page 36, ligne 11, *indiſcrète emportée*, lisez *indiſcrète, emportée, &c.*

Page 42, ligne 10, *plifanteries*, lisez *plaiſanteries*.

Page 44, ligne 14, *des formes importantes*, lisez *impoſantes*.

Page 89, ligne 11, *ce nom ſi important*, lisez *ſi impoſant*.

Page 102, ligne 13, *plus chèrs*, lisez *plus chèr*.

Page 131, ligne 7, *facilité*, lisez *fatuité*.

Page 142, ligne 3, *Amant de Mademoiſelle de Chevreuſe*, lisez *de Madame*.

Page 165, ligne 3, *à M. de Rhodez*, lisez *à Madame de Rhodes*.

MÉMOIRES

D'ANNE DE GONZAGUES,

PRINCESSE PALATINE.

publié par Mr Senac de Monmeilha
(livre supposé)

A LONDRES,

Et se trouve à PARIS, chez les Marchands de
Nouveautés.

M. DCC. LXXXVI.

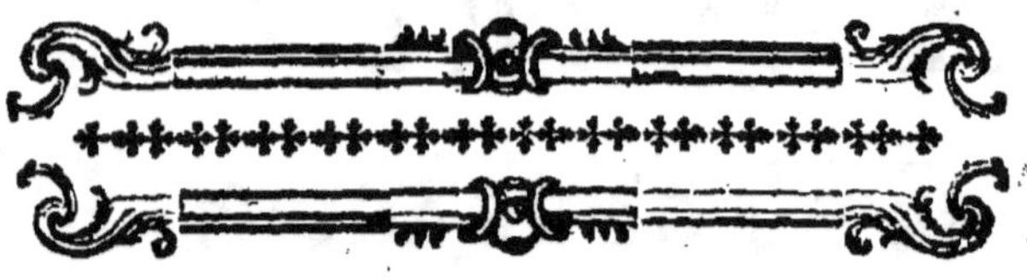

AVERTISSEMENT
DE L'ÉDITEUR.

JE me trouvois à portée, il y a quelques années, de l'Abbaye de . . . . & je fis connoiſſance avec l'Abbeſſe, Femme de beaucoup d'eſprit & d'une grande piété. Elle me montra des lettres originales de Paſcal, de Racine, & de Madame de Nemours. En nous entretenant de cette Princeſſe, elle me dit qu'elle avoit un manuſcrit qu'on

a

croyoit être de la Princeſſe
Palatine. Le nom d'une perſonne auſſi célèbre par ſon
eſprit, me fit deſirer vivement
d'en avoir communication.
J'eus beaucoup de peine à le
lire, tant il étoit mal écrit ;
j'y trouvai beaucoup de la-
cunes, des endroits rayés, &
des pages, ou ſupprimées, ou
égarées. Des mémoires qui con-
cernoient des intrigues de Cour,
intéreſſoient peu une femme
qui ne liſoit que des livres de
piété. L'Abbeſſe conſentit à
m'en faire préſent, mais elle
exigea de moi que, tant qu'elle

vivroit, ce manufcrit ne fortiroit pas de mes mains, & que je ne la citerois jamais, ne voulant, me dit-elle, pendant fa vie, ni après fa mort, que fon nom fût mêlé dans les vains propos du monde. J'ai tenu ma parole ; j'ai attendu qu'elle ne fût plus, pour publier cet ouvrage, qui m'a paru intéreffant ; &, fidèle à mes engagemens, je m'abftiens de citer la perfonne de qui je les tiens. Une foule d'écrits, & fur-tout les mémoires du Cardinal de Retz, ne laiffent rien à defirer fur les évènemens de ce tems ; mais l'ouvrage d'une perſonne illuſtre, qui a inſpiré la plupart des révolutions, conduit avec habileté les intrigues les plus compliquées, doit jeter un nouveau jour ſur le caractère, les motifs & les actions de ceux qui ont eu part aux révolutions. L'impartialité qui règne dans ces mémoires, & la ſincérité qui caractériſe la Princeſſe Palatine, les rendent encore plus précieux.

La Princeſſe Palatine étoit fille de Charles Duc de Man-

toue, & de Catherine de Lorraine ; elle épousa le Prince
Édouard, Comte Palatin du
Rhin, fils de Fréderic Électeur
Palatin, & Roi de Bohême. Sa
sœur Louise-Marie fut mariée
à Ladiflas Sigifmond IV., Roi
de Pologne. La Princeffe Palatine mourut âgée de foixante &
huit ans, en 1684, après avoir
paffé plufieurs années dans les
plus auftères pratiques de la
Religion. Cette femme fupérieure par fon génie, qui avoit
tant de capacité pour les affaires, & de talens pour le
Gouvernement, ajoutoit foi

aux fonges, & fa converfion
fut l'effet d'un rêve. Voici ce
qu'en dit Boffuet dans l'Oraifon funèbre de cette Princeffe.
« Ce fut un fonge admirable,
de ceux que Dieu même fait
venir du Ciel par le miniftère
des Anges, dont les images
font fi nettes & fi démêlées,
où l'on voit je ne fais quoi
de célefte. Elle crut, c'eft elle-
même qui le raconte à un Saint
Abbé: Écoutez, & prenez garde
fur-tout de n'écouter pas avec
mépris l'ordre des avertiffe-
mens divins & la conduite de
la grace : elle crut, dis - je,

que, marchant feule dans une forêt, elle y avoit rencontré un aveugle dans une petite loge : elle s'approche pour lui demander s'il étoit aveugle de naiſſance, ou s'il l'étoit devenu par quelque accident; il répondit qu'il étoit aveugle né: vous ne favez donc pas, reprit-elle, ce que c'eſt que la lumière, qui eſt ſi belle & ſi agréable, & le foleil qui a tant d'éclat & de beauté. Je n'ai, dit-il, jamais joui de ce bel objet, & je ne puis m'en former aucune idée. Je ne laiſſe pas de croire, continua-t-il, qu'il eſt d'une beauté

raviffante. L'aveugle parut alors
changer de voix & de vifage,
& prenant un ton d'autorité:
mon exemple, dit-il, vous doit
apprendre qu'il y a des chofes
très-excellentes & très-admira-
bles qui échappent à notre vue,
& qui n'en font ni moins vraies,
ni moins defirables, quoiqu'on
ne puiffe les comprendre, ni
imaginer. Par une foudaine illu-
mination, elle fe fentit fi éclairée, & tellement tranfportée
de la joie d'avoir trouvé ce
qu'elle cherchoit depuis fi long-
tems, qu'elle ne put s'empêcher
d'embraffer l'aveugle, dont le

difcours lui découvroit une plus belle lumière que celle dont il étoit privé ; &, dit - elle, il fe répandit dans mon cœur une joie fi douce & une foi fi fenfible, qu'il n'y a point de paroles capables de l'exprimer. Elle s'éveilla là-deffus, dit-elle, & fe trouva dans le même état où elle s'étoit vue dans cet admirable fonge, c'eft-à-dire, tellement changée, qu'elle avoit peine à le croire. Je me levai, pourfuivit - elle, avec précipitation : mes actions étoient mêlées d'une joie & d'une activité extraordinaires ; tout ce que je

lifois fur la Religion me touchoit jufqu'à répandre des larmes. Je me trouvois à la meffe
dans un état bien différent de
celui où j'avois accoutumé
d'être : mais alors, dit-elle, il
me fembloit fentir la préfence
réelle de Notre Seigneur, à-
peu-près comme l'on fent les
chofes vifibles, & dont l'on ne
peut douter. »

Pour achever de faire connoître les talens & le génie de
la Princeffe Palatine, je me
contenterai de citer ce que le
Cardinal de Retz en dit dans

fes Mémoires, & le portrait que trace Boffuet de cette Princeffe, dans fon Oraifon funèbre : quelque foit le rare affemblage de qualités qu'il renferme, quelque fufpectes que foient les Oraifons funèbres, les faits & l'opinion impartiale & éclairée du Cardinal de Retz font voir que cet éloge n'eft point exagéré.

PORTRAIT

DE MADAME

LA PRINCESSE PALATINE,

PAR

LE CARDINAL DE RETZ.

MADAME la Princesse Palatine estimoit autant la galanterie, qu'elle en aimoit le solide. Je ne crois pas que la Reine Élisabeth d'Angleterre ait eu plus de capacité pour conduire un État. Je l'ai vue dans la faction, je l'ai vue dans le cabinet, & je lui ai trouvé par-tout également de la sincérité.

PORTRAIT

DE LA MÊME PRINCESSE,

PAR BOSSUET,

TIRÉ DE SON ORAISON FUNEBRE.

LE génie de la Princesse se trouvoit également propre aux divertissemens & aux affaires. La Cour ne vit jamais rien de plus engageant, & sans parler de la pénétration, ni de la fertilité infinie de ses expédiens, tout cédoit au charme secret de ses entretiens. Toujours fidèle à l'État & à la grande Reine Anne ; on fait qu'avec le fecret de cette Princeffe, elle eut encore celui de tous les Partis, tant elle étoit pénétrante, tant elle s'attiroit de confiançe, tant il lui étoit naturel de gagner les cœurs ! Elle déclaroit aux Chefs des Partis jufqu'où elle pouvoit s'engager, & on la croyoit incapable de fe tromper ni d'être trompée ; mais fon caractère particulier étoit de concilier les intérêts oppofés, &, en s'élevant au-deffus, de trouver le fecret endroit, comme le nœud par où on peut les réunir.

Tel eſt le portrait tracé par Boſſuet, & il eſt peut-être ſans exemple, que l'excès de la louange ne ſoit qu'une vérité hiſtorique.

MÉMOIRES

MÉMOIRES

D'ANNE DE GONZAGUES,

PRINCESSE PALATINE.

JE vous ai souvent entretenue, Madame, des troubles de la Régence. Votre esprit curieux & observateur vous a portée à me faire mille fois des questions sur les personnages qui ont paru sur la scene à cette époque ; vous en avez connu plusieurs qui ont été depuis à peine remarqués dans le monde, & vous

A

avez en vain cherché l'audace d'un Révolté dans l'empreffement fervile d'un Courtifan. Peu d'années ont produit cette révolution. De l'abattement où le Cardinal de Richelieu avoit réduit les efprits les plus remuans, on paffa prefque fubitement à l'indépendance & à la révolte, & par une pente non moins rapide, on a paffé enfuite à la foumiffion la plus profonde. Il n'eft point d'autres caufes à chercher à ces révolutions, que le caractère de ceux qui ont gouverné. La réputation de plufieurs de ceux qui ont joué un rôle du tems des dernieres guerres civiles, n'eft plus qu'un ridicule pour eux ; le Cardinal de Retz luimême n'y auroit pas échappé avec toute la fupériorité de fon génie, s'il n'avoit pris habilement le parti de la retraite.

Croyez, Madame, ce que vous m'avez fouvent entendu dire, que les hommes ne jugent rien d'après eux & d'après la véritable valeur des chofes. Les grandes qualités, les vertus déplacées excitent fouvent le mépris, & font l'objet de la raillerie : l'expérience apprend qu'une grandeur démefurée eft auffi près du ridicule qu'une extrême petiteffe. Les vices les plus odieux, environnés des rayons de la faveur, font tolérés, & peuvent devenir à la mode ; enfuite le fuccès juftifie tout, couvre tout.

Le Cardinal Mazarin a été l'objet de la haine publique, des arrêts l'ont proscrit, on a mis sa tête à prix, &, peu de tems après, des Princes ont épousé, à l'envi, ses Nièces; il a refusé pour l'une, le Roi d'Angleterre; enfin, il a porté ses regards jusqu'au Trône de France : Richelieu y auroit établi sa Nièce; mais l'avidité, qui avoit fait entasser tant de trésors à Mazarin, ne pouvoit s'allier, dans le même homme, avec l'audace qui auroit mis à profit la passion du Roi.

Je vous parle sans partialité; tous les évènemens que j'ai à vous retracer sont loin de moi, & la plupart des Acteurs sont morts. Je suis

comme les Héros des Champs Éli-
sés, retirée du monde ; je ne suis
plus, en quelque sorte, qu'une
ombre ; & le souvenir de ce que
j'ai vu, n'est corrompu par aucune
passion.

Je vais vous exposer les événemens dont j'ai été témoin, & sur-
tout ceux où j'ai eu quelque part,
avec la sincérité que vous me connoissez, & qu'on a toujours reconnue
en moi. C'est peut-être à cette qualité seule que j'ai dû quelques succès,
dans un tems où tous ceux qui se
jetoient dans la négociation s'ap-
plaudissoient de leurs artifices. J'ai
employé ce que j'avois de lumières
à bien discerner les intérêts des per-

fonnes avec lefquelles je traitois, à écarter ce que l'amour propre, ce que le defir d'un petit fuccès particulier, nuifible fouvent au véritable, met de confufion dans les affaires; je développois nettement mon opinion, je convenois de mon intérêt, j'établiffois le dégré & le genre de mes attachemens; enfin, je traçois la ligne que je devois & voulois fuivre; je déterminois le point fixe où je m'arrêtois, & que rien ne me feroit paffer; la fincérité étoit pour moi le fil d'Ariane, il me faifoit fortir heureufement du labyrinthe de l'intrigue.

Je fus deftinée au cloître dès mon enfance, ainfi que ma fœur Bene-

dicte. Mon père qui aimoit avec
paſſion la Princeſſe Marie, ma ſœur
aînée, vouloit tout ſacrifier à l'a-
grandiſſement de ſa fortune. Il nous
mit de bonne heure au couvent,
& il preſcrivit de ne rien négliger
pour nous inſpirer le goût de la vie
religieuſe: je ſecondai quelque tems
ſes intentions, il ſe flatta que je ne
paroîtrois jamais dans le monde,
& qu'il pourroit, ſuivant ſes affec-
tions, réunir toute ſa fortune ſur
ma ſœur Marie.

J'étois dévote dès l'âge de douze
ans, & citée comme un exemple de
ferveur. Une ame active qui éprouvoit le beſoin d'un grand intérêt, un
cœur tendre & ſenſible qui cherchoit

à s'attacher, me faiſoient deſirer avec ardeur de conſacrer ma vie entière à Dieu. Les pratiques les plus dures de la vie religieuſe, les macérations, les auſtérités, les jeûnes avoient pour moi des charmes, & je voyois arriver avec une joie extrême les jours de la Semaine Sainte. Jamais le monde ne m'a offert, dans les plus agréables jours de ma vie, des plaiſirs auſſi vifs, & qui ayent pénétré auſſi avant dans mon ame, que les jeûnes & les auſtérités du Vendredi Saint. Je dérobai un jour à une Religieuſe malade une diſcipline & un cilice; je m'enfermai auſſi-tôt dans ma chambre, & je me mis tout en ſang. Je me trouvai d'une importance extrême à mes yeux après cette belle opération ; il me fembloit que j'avois des droits inconteftables à la palme du martyre ; j'afpirois au moment où je pourrois m'enchaîner par des vœux éternels : mais vous le dirai-je ? au milieu de tant de ferveur, j'étois importunée fouvent de dou-tes ; mon efprit fe refufoit à croire, tandis que mon cœur étoit entraîné à aimer ; je chaffois les penfées qui pouvoient ébranler ma croyance, comme l'ouvrage du démon ; elles revenoient fans ceffe, les objections fe préfentoient en foule, & je ne pouvois être convaincue avec toute les difpofitions poffibles pour l'être. Dans ces momens quelquefois je me difois : qui fuis-je, pour avoir des doutes & des incertitudes ? pourquoi

ne croirois-je pas ce que les Arnaud
& tant d'autres Hommes supérieurs
croient avec soumission ? Ces réflexions dissipoient pour un instant
mes doutes, & mon imagination
achevoit l'ouvrage ; elle me rendoit sensible ce qui répugnoit le
plus à ma foible raison ; elle
faisoit disparoître ma vie entière
comme un songe fugitif, & me
transportoit dans une éternité de
délices, achetée de quelques foibles privations. Plusieurs années
s'écoulèrent ainsi entre des doutes
passagers que je me suis souvent
reprochés comme un égarement de
ma jeunesse, & une ivresse soutenue.
Un événement imprévu vint tout-
à-coup changer toutes mes idées.

Les préférences qu'on accordoit à la Princesse Marie avoient excité dans mon cœur une secrette envie, & même une disposition à la haine; je portois sans cesse ma sœur à confesse, & les cilices n'avoient rien de si piquant que ses dédains pour moi, que la supériorité dont je la voyois jouir par l'aveuglement de mon père. J'avois un jour dîné avec Madame de la Châtre, Abbesse du couvent de Faremoustier, elle m'avoit comblé de caresses, les charmes de la vie religieuse m'avoient été vantés, elle m'avoit attaqué par la dévotion, & même par la vanité, en me montrant la perspective de lui succéder. Je vous observerai que rien ne paroît plus brillant, plus important à une penſionnaire, que le gouvernement de la maiſon ; les objets frappent ſenſiblement ſur des organes neufs. Un Berger diſoit que s'il étoit Roi , il garderoit ſes mou- tons à cheval : une jeune perſonne ne voit rien par de-là l'autorité qui agit ſur elle depuis ſon enfance.

On vint demander Madame de la Châtre; elle me laiſſa dans ſa chambre pour venir enſuite reprendre ſa con- verſation. Une lettre étoit ſur ſa cheminée : je reconnus l'écriture de Madame de Guiſe , & la tentation me vint de la lire. Cette lettre contenoit des exhortations à l'Ab- beſſe de ne pas ſe prêter aux inſtances de mon père , de bien examiner ma vocation, enfin de ne pas abufer de ma jeuneffe par des féductions, pour m'engager à me faire Religieufe. Madame de Guife déploroit l'aveuglement de mon père, qui le portoit à facrifier deux filles à la fortune de l'aînée. Elle ajoutoit qu'elle me connoiffoit, que je n'étois pas faite pour le cloître : l'ardeur extrême de mon zèle, difoit Madame de Guife, devoit en faire prévoir la courte durée. Je remis la lettre à fa place ; & au lieu d'attendre l'Abbeffe, je courus m'enfermer dans ma chambre. La rage étoit dans mon cœur ; plufieurs circonftances, qui ne m'avoient pas frappée jufques-là, vinrent fe préfenter à mon efprit : je fus éclairée à l'inſtant, & je démêlai tout ce qu'on avoit employé pour me ſéduire. C'étoit pour ma ſœur qu'on vouloit m'engager à me faire Religieuſe; voilà ce qui me déſeſpéroit. C'eſt pour embellir ſon idole, me diſois-je, c'eſt pour la mettre dans une élévation où elle s'attire tous les regards, que mon père veut me dépouiller. La haine & la jalouſie firent crouler en un inſtant l'édifice de l'Amour divin, & je me trouvai deux jours après auſſi dégoûtée du Couvent & des Religieuſes, que la femme la plus diſſipée : je ne ſongeois plus qu'à paroître avec éclat dans le monde. Le propre de l'imagination eſt d'élever & de détruire à ſon gré : la foi me manquoit alors , & ma dévotion n'étoit que l'enthou-siafme d'un efprit ardent. Tout ce qui ne tient pas au fentiment ou à la raifon, n'a rien de folide; & il eft facile à l'imagination de peindre des plus vives couleurs , ce qu'un inftant auparavant elle avoit embelli des plus rares orne-mens. Je ne me donnai pas la peine de cacher mes nouvelles difpofi-tions. Toute la Communauté fut furprife; on fut alarmé, fcanda-lifé; l'Abbeffe fut humiliée d'avoir manqué fon ouvrage; elle me pro-digua les careffes, les reproches : tout fut inutile. Je déclarai nette-ment que je ne ferois jamais Reli-gieufe. Les perfécutions de l'Abbeffe

ne me laiſſoient plus aucun repos;
je demandai, pour m'y ſouſtraire,
à quitter Faremouſtier, & à me
retirer à Avenay auprès de ma ſœur
Benedicte, qui venoit d'en être
nommée Abbeſſe. J'aurois été heureuſe avec elle, ſi je ne m'étois
ſentie attriſtée du ſacrifice qu'elle
avoit fait, & auquel j'avois échappé.
Je déplorois chaque jour cette victime, immolée à l'ambition de
ma ſœur. Ma haine en redoubla
pour elle.

Le Duc de Mantoue mourut, cet
événement me fit ſortir du couvent; & peu de tems après, j'eus
à pleurer la mort de ma ſœur Béné-
dicte,

dicte, dont le souvenir me sera éternellement cher.

Ma sœur Marie étoit plus belle que moi; quoique je ne fusse ni sans beauté, ni sans agrémens, elle avoit plus d'éclat. Elle fixa l'attention des hommes, & acquit de la célébrité par ses charmes. Le grand Ecuyer Cinq-Mars, brillant de tous les dons de la nature, à la fleur de sa jeunesse, favori de son maître, devint amoureux d'elle. La vanité, peut-être, entroit pour beaucoup dans cet attachement. Epouser une Princesse de Maison souveraine, & se trouver allié à tous les Princes de l'Europe, étoit pour Cinq-Mars, à peine Gentilhomme, un avantage auquel il ne

B

sembloit pas qu'il pût aspirer. Il le sentoit, & vouloit, par des dignités, combler l'intervalle. La fortune de Luynes n'avoit rien qui fut au-dessus des prétentions de M. le Grand. Il demandoit d'être fait Duc & Pair, & l'épée de Connétable ne paroissoit pas devoir lui manquer, si le Roi continuoit à l'aimer. Ma sœur, entraînée par son goût, séduite par l'éclat de sa faveur, auroit volontiers consenti à l'épouser. Elle fut obligée de me mettre dans sa confidence, & nous étions dans celle des projets de Cinq-Mars. M. de Thou n'étoit pas plus coupable que nous. Le Grand Ecuyer auroit été dans toute autre position, un fat insupportable ; mais la fatuité n'est autre

chofe que la préfomption déplacée :
& que ne pouvoit pas préfumer de
lui & de fon étoile, un jeune homme
qui fe trouve à vingt ans Grand-
Écuyer de France & Favori ? Tout
confpiroit à l'enivrer. Son lever
étoit comme celui du Roi, ou du
Cardinal. Deux cens Gentilshommes
le fuivoient chez le Roi, & il fur-
paffoit tous les Courtifans par la
magnificence de fes habits, la no-
bleffe & le charme de fa figure,
& les agrémens de fes manières.
Les femmes fe jetoient à fa tête,
les Miniftres étoient à fes ordres,
& en étoient traités avec légèreté.
Le Cardinal l'aimoit ; enfuite il le
craignit & le ménagea. Comment
réfifter à tant de féductions, &

avoir à cet âge une conduite fage
& mefurée? Cinq-Mars, flatté de
l'éclat qui l'environnoit, étoit re-
buté du prix dont il falloit l'acheter.
Dégoûté de Louis **XIII**, le plus
ennuyé des hommes, le plus dé-
fiant, le plus confiant; les heures
qu'il paffoit avec ce Monarque,
étoient pour lui des fiècles, & fon
impatience éclatoit fouvent. Il par-
toit de S. Germain après le coucher,
& venoit paffer quelques heures
avec ma fœur. J'étois en tiers dans
leur converfation. Il nous confioit
fes dégoûts & fa haine contre le
Cardinal; il le contrefaifoit d'une
manière plaifante dans fes rendez-
vous d'amour avec Marion de l'Or-
me. Nous l'exhortions à fupporter

les langueurs du Roi, & à ménager
le Cardinal. Il promettoit; mais la
vivacité de son caractère l'empê-
choit de se plier à l'humeur du Roi.
Les séductions de ses flatteurs lui
persuadoient qu'il pouvoit tout entreprendre; enfin les ennemis du
Cardinal profitoient de ces ressen-
timens, pour l'éloigner encore davantage de ce Ministre. Il ne garda
plus de mesures, lorsque le Cardinal l'empêcha d'être fait Duc &
Pair; il perdit l'espérance d'épouser
ma sœur, & une grande dignité.
Enfin, ce qui touchoit le plus un
homme présomptueux & habitué
aux succès, il éprouvoit un dégoût
qui faisoit connoître que sa faveur
étoit subordonnée à l'ascendant du

B iij

premier Miniftre. Il prit des liaifons dès-lors avec tous les mécontens ; il eut un parti, & le Cardinal trembla pour fa place, & même pour fa vie. Qui fait ce qui feroit arrivé, fi M. le Grand avoit pu fe réfoudre à s'ennuyer quelques heures, enfin fi l'étoile du Cardinal n'eût pas fait, comme par miracle, tomber entre fes mains une copie du traité avec le Comte Olivarès? On n'a jamais fu comment cet écrit, qui décida du fort du Cardinal, & de la vie de Cinq-Mars, étoit venu à fa connoiffance; M. le Grand fe feroit trouvé, fuivant toute apparence, le maître du Roi & du Royaume ; il auroit raccommodé le Roi avec le Duc d'Orléans ; il auroit époufé ma fœur, & confervé le plus grand crédit pendant la ré- gence. Vous favez que, dès que le Roi fut parti de Paris, les pro- jets du Grand Ecuyer éclatèrent; le Cardinal étoit inftruit, mais n'avoit point de preuves : il ne tarda pas à en acquérir. Ma fœur écrivit plu- fieurs fois à Cinq-Mars, que fon intrigue étoit connue, qu'elle fai- foit l'entretien du public. Il lui écri- vit, en réponfe, cette lettre, dont j'ai gardé la copie, & qui eft la dernière qu'elle en ait reçue : vous ferez peut-être bien aife de la lire.

« Ne foyez point inquiète, ma » chère Princeffe, le Roi & l'ar- » mée font pour moi ; mon ennemi

» m'a cédé le terrain, & l'abatte-
» ment de fes partifans eft ex-
» trême. J'ai paffé hier deux heures
» au chevet du lit du Roi ; vous
» auriez été contente de moi, &
» je l'ai été infiniment de la ma-
» nière dont il m'a traité ; il m'a
» fait, je vous affure, très-bonne
» chère ; il m'a appellé fon cher
» ami ; il a foupiré, jeté des pro-
» pos en l'air, en me difant qu'il
» étoit bien malheureux , qu'on
» le tourmentoit, & qu'on fe fai-
» foit trop valoir. Ah ! Sire, lui
» ai-je dit , & prefque les larmes
» aux yeux, que votre état me
» touche , & qu'il me furprend,
» en fongeant que vous êtes le
» maître ! Si vous daigniez vous en

» rapporter à moi, Votre Majefté
» demain n'auroit plus rien qui la
» gênât. Cher ami, m'a-t-il répondu,
» ne précipitez rien. Je ne puis rien
» ménager, quand il s'agit de l'in-
» térêt de mon maître, ai - je ré-
» pondu : Votre Majefté a de fideles
» ferviteurs, permettez-moi de leur
» parler. Le Roi s'eft retourné, &
» m'a dit, d'une voix attendrie : Bon
» foir, faites pour le mieux ; mais
» ne commettez point d'impru-
» dence. Jugez, ma chère Prin-
» ceffe, fi je ne fuis pas autorifé
» à tout entreprendre, & fur-tout
» avec un but auffi glorieux que
» celui qui m'anime. Confervez
» vos bontés à votre plus paffionné
» ferviteur ».

La fin tragique de Cinq-Mars vous eſt connue dans tous ſes détails, je ne m'étendrai pas davantage ſur ce triſte ſujet.

J'eus des ſuccès à mon entrée dans le monde, qui excitèrent la jalouſie de ma ſœur Marie, qui me pardonnoit auſſi peu de partager l'attention, que ſa fortune. Après la cataſtrophe de Cinq-Mars, obligées d'être enſemble dans la même maiſon, de voir les mêmes perſonnes, nous avions l'air d'être unies; mais dans le fond nous étions dans un état de rivalité & de haine; le beſoin de confidence rapprocha encore une fois ma ſœur de moi. Elle ſe prit de paſſion pour un jeune

Italien, & c'eft le feul homme qu'elle ait véritablement aimé ; la vanité n'entroit pour rien dans ce fentiment, elle auroit facrifié à cet amant les couronnes dont les Devins rempliffoient fon imagination. Comme elle ne pouvoit le voir feule, la néceffité la fit avoir recours à moi. L'envie de plaire n'étoit plus auffi vive, auffi générale chez elle, depuis que fon cœur avoit un objet d'affeȼtion ; c'étoit encore une raifon pour que je lui fuffe moins défagréable.

Son Amant étoit parent d'une Dame d'honneur qui nous accompagnoit ; nous avions mille occafions de le voir ; & pour échapper aux yeux de sa parente , il avoit l'air également empressé auprès de moi, & de ma sœur.

Je ne sais où cette intrigue auroit pu conduire la Princesse Marie ; il ne pouvoit être question de mariage avec un homme fort inférieur, quoique de bonne Maison. L'inégalité du rang ne l'effrayoit pas , & elle trouvoit un charme de plus dans le sacrifice des plus grands avantages ; elle cherchoit dans l'histoire, des exemples de Princesses qui avoient épousé des Gentilshommes ; & un jour que je la trouvai lisant avec une attention extrême, elle me donna le livre, en me disant avec un air triomphant :

Lisez, ma sœur ; c'étoit un passage de je ne sais quelle histoire, qui rapportoit le mariage de Catherine de France, veuve d'un Roi d'Angleterre, avec Owen Tydor, simple Chevalier du pays de Galles. Elle me cita aussi une fille de Philippe le Long, qui avoit épousé un Gentilhomme. Nous passions en ce tems les jours & les nuits à lire des romans ; ma sœur écrivoit des lettres, qui n'auroient pas été déplacées dans Cyrus. Mais, ô mortelle affliction ! l'Italien fut rappellé dans son pays ; ma sœur fut au désespoir ; si son Amant eût été plus-hardi, je crois qu'elle auroit consenti à un enlèvement ; dans l'ivresse où elle étoit, une chaumière lui auroit paru un lieu de délices , avec l'objet de sa passion. . . . . . *

Je reviens au tems où je parus à la Cour; elle étoit fort trifte : le Cardinal faifoit furveiller indécemment la Reine, & la perfécutoit avec une ef-pèce d'acharnement. Il étoit le maître de la France, & l'arbitre de l'Europe. Tout plioit devant lui; la renommée de fes talens, jointe à une autorité fans bornes, le rendoient un objet de cul-te. On a vu des Princes étrangers ne lui pas difputer le rang qu'ils refu-foient à Monfieur , & dire qu'ils cé-doient non au Cardinal , non au pre-mier Miniftre , mais au plus grand homme de l'Europe. Etoit-ce la crain-te qui cherchoit à fe cacher fous l'admiration ? Cela peut-être ; mais il eſt beau de fournir un pareil prétexte. Les Grands, les Princes le haïſſoient & cabaloient contre lui ; mais il ne ſe paſſoit pas d'années, que quelques-uns n'en fuſſent la victime. Le Comte de Soiſſons avoit ſeul ſu ſe souſtraire à ſon autorité, & la braver ; il avoit rejeté avec dé-dain la main de Madame d'Ai-guillon, que Richelieu avoit oſé offrir à Monſieur. Retiré à Sedan, il étoit le centre des intrigues & des entrepriſes contre le pouvoir & même la vie du Cardinal ; les mécontens ſe rallioient ſous ſa ba-nière. Nous allions quelquefois à la Cour, la Reine nous traitoit avec bonté, & nous parloit de ſes cha-

grins avec amertume & dépit. Un
jour ma sœur louoit ses mains &
sa gorge, qui étoient assurément
admirables; la Reine lui répondit,
en montrant sa gorge, M. le Chan-
celier pense sans doute comme
vous, car il n'a pas tenu à lui d'y
toucher; ce Magistrat avoit poussé
l'audace jusqu'à lever son mouchoir, pour voir si elle n'y avoit
pas caché des lettres du Roi d'Es-
pagne, ou du Cardinal Infant. La
Reine me donnoit des préférences
marquées sur ma sœur, mon esprit
& mes manières sembloient lui
convenir davantage; & c'est à cette
époque, que, dans divers entretiens, je jetai, sans y songer, les
fondemens

fondemens de la confiance qu'elle m'accorda depuis.

Il n'y avoit pas grande preſſe pour faire ſa cour à une Reine ſans crédit, & dont la faveur ne pouvoit être que dangereuſe. Lorſque ſa groſſeſſe fut décidée, elle ſe flatta qu'elle ſeroit plus conſidérée, & la naiſſance d'un Prince ſembloit devoir lui donner du crédit. Le Cardinal qui s'apperçut qu'elle avoit une plus groſſe cour, fit ſi mauvais viſage à ceux qui s'empreſſoient auprès d'elle, que bientôt elle retomba dans la plus grande ſolitude. Il entroit certainement du dépit dans la perſécution que lui faiſoit éprouver ce Miniſtre; il

C

avoit du penchant à aimer la Reine;
& si elle se fût donné la peine
d'user des plus petits ménagemens
envers lui, il l'auroit laissé jouir
d'un grand crédit. Le Cardinal, qui
savoit la manière dont elle nous traitoit, nous entretenoit souvent de
ses préventions contre lui; il se ré-
pandoit en éloges de sa personne,
& regrettoit, disoit-il, de n'avoir
pu vaincre son antipathie; il pro-
testoit qu'il n'y avoit rien qu'il ne
fût disposé à faire pour gagner ses
bonnes graces : & je me souviens
qu'un jour, en nous tenant ces
propos, les larmes lui vinrent aux
yeux. Il avoit l'art de répandre des
larmes; & cette facilité lui avoit
été reprochée par la Reine Mère,

qui en avoit été long-tems la dupe.
Il m'a toujours paru certain qu'il
avoit un goût très-vif pour la perfonne de la Reine, qui étoit infiniment agréable. Accoutumé à voir
tout fléchir devant lui, à entendre
des flatteries qui furpaffoient celles
dont on berce les Rois, il ne pouvoit fupporter aucune réfiftance,
& encore moins la raillerie; la
Reine ne l'épargnoit pas avec le
petit nombre de fes confidentes :
quelque fidélité que cette Princeffe
eût lieu d'attendre d'elles, tout ce
qu'elle difoit revenoit au Cardinal;
c'étoit un Dieu pour la puiffance;
il en avoit encore cet attribut de
tout pénétrer. Rien ne lui étoit caché; les plus indifférentes conver-

fations des perfonnes élevées, lui étoient rapportées & envenimées. Il récompenfoit magnifiquement les plus petits fervices & les plus légères marques d'attachement : le Cardinal avoit feul le pouvoir de faire du bien. On fentira, d'après cela, qu'il ne devoit pas y avoir de fidélité inacceffible à fes féductions, ou à la crainte qu'il infpiroit. La Reine, indifcrète emportée par caractère, & par une fierté qui lui préfentoit comme humiliation la néceffité de fe modérer, étoit chaque jour expofée à de nouvelles tracafferies; & dans certains momens d'abattement, elle redoutoit tout de la foibleffe d'un Roi, qui avoit facrifié fa mère, & du Miniftre qui avoit fu le porter à cette barbarie envers elle.

Sa Cour étoit devenue une espèce de Couvent, & j'en fis la réfléxion. Un jour le Cardinal lui donna une très-belle collation à Ruel ; la petite Cour de la Reine ressembloit à des pensionnaires en récréation ; Madame d'Aiguillon faisoit les honneurs avec le Cardinal ; elle louoit la Reine, & lui vantoit l'attachement de son oncle; je m'efforçois d'engager la Princesse à répondre avec bonté aux empressemens de Madame d'Aiguillon ; mais j'eus beau faire des signes, prendre la parole pour elle, l'aversion perçoit dans ses regards & son geste, quoiqu'elle fût enchantée de la fête & de l'amusement de cette journée, comparée aux autres. Le Roi étoit jaloux. Il

croyoit beaucoup de coquetterie
à la Reine, & le Cardinal forti-
fioit cette opinion, espérant que,
fatiguée des persécutions qu'elle
avoit à éprouver, elle auroit recours enfin à lui. Au goût qu'il avoit
certainement pour elle, se joignoit
l'inquiétude de l'avenir; le Roi étoit
d'une mauvaise santé, & sa mort
pouvoit laisser le Ministre en proie
au ressentiment de la Reine. Je
ne doute pas, au reste, que, malgré les droits de la Reine à la Régence, elle ne se fût trouvée forcée
de dépendre de Richelieu; il avoit
des places fortes, les Généraux
étoient asservis à ses volontés, &
lui devoient leur fortune; une foule
de créatures attachées à son sort,

des trésors en sa disposition , un ascendant victorieux sur les esprits , l'habitude des grandes affaires , un courage au - dessus de tous les obstacles , rendoient la puissance de Richelieu inébranlable dans toutes les circonstances. Mazarin, avec toute son habileté & ses rufes, ne pouvoit lui être comparé. Je me bornerai à faire une réflexion. Dans quelque époque de sa vie que Richelieu eût succombé, il auroit laissé l'idée d'un grand homme : si Mazarin , dans vingt circonstances, eût été abandonné de la Reine, il n'auroit emporté aucune réputation , & le ridicule auroit inondé la plupart de ses actions. La constance de la Reine a

fait tout le fuccès de Mazarin : Richelieu fe foutenoit par le feul afcendant du génie.

Les quatre ou cinq ans, qui s'écoulèrent avant la régence, ont peut-être
été les plus heureufes de ma vie. Sans
foins domeftiques, pour lefquels j'ai
toujours eu de l'averfion ; exempte
des paffions qui ont femé de quelques fleurs, bientôt fanées, un che-
min difficile & dangereux ; loin de
l'agitation des affaires, je paffois
mon tems à m'inftruire, à converfer
avec des gens d'efprit ; on nous re-
cevoit avec diftinction à l'Hôtel de
Rambouillet ; ma fœur y cherchoit
des conquêtes, & moi, le fuccès
de l'efprit, de préférence à tout.
Le Cardinal lui-même prenoit part

aux differtations qu'on y faifoit fur
la Poéfie & fur l'Amour ; fouvent il
abandonnoit les affaires de l'Europe,
pour décider une queftion de fentiment. Je me fouviens qu'un jour
Mademoifelle de Scudéry nous raconta qu'elle avoit vu un homme,
épris du plus violent amour, qui
étoit obligé de quitter, pour quelque
tems fa maîtreffe ; que cet Amant
paffionné à l'excès lui avoit parlé
de fes peines avec des expreffions fi
touchantes, que les larmes lui en
étoient venues aux yeux, & qu'elle
en avoit encore le cœur oppreffé ;
il m'a parlé, dit-elle, du bonheur d'être aimé, d'une maniere raviffante. Le Duc d'Enghien prit la
parole, & dit que cet homme n'ai-

moit pas bien vivement, qu'il n'étoit que perfonnel. Un véritable Amant dit-il, doit être plus occupé de fon amour, que des fentimens qu'il infpire. Cette réflexion nous frappa; Chapelain & Voiture s'éleverent contre; M. de Montauzier & Mademoifelle Dangennes applaudirent à la diftinction du Prince; l'Abbé de Boifrobert fit des plifanteries à fa manière; on s'étonna qu'un jeune Prince, qui ne paffoit pas pour fenfible, diftinguât auffi habilement ce qui tenoit à l'amour propre; je me fouviens que je lui dis : « votre efprit fait en vous l'office du cœur, il vous tient lieu de tout, & vous devinez ce qu'on doit fentir. » Cette thèfe acquit beaucoup de célébrité,

par le nom de celui qui l'avoit fou-
tenue. Le Cardinal en eut connoiffance, & il donna un grand dîner
à Ruel, à tous ceux qui avoient dif-
puté pour & contre à l'Hôtel de
Rambouillet : on apporta de grands
fauteuils, le Cardinal fit affeoir ma
fœur comme préfidente de l'affemblée, & tout le monde fe mit en
rang avec toute la gravité qu'on
pourroit apporter dans un confeil
où feroit agité le deftin d'un Empire.
Le Duc d'Enghien expofa fon fentiment; Mademoifelle de Bourbon,
depuis Ducheffe de Longueville,
combattit fon opinion, & Mademoifelle de Scudéry plaida enfuite,
comme Avocat-Général. Le Cardinal recueillit les voix. Quand ce

fut à mon tour d'opiner, je me
déclarai pour le fentiment du Duc
d'Enghien, que j'appuyai de diftinc-
tions fubtiles fur la tendreffe, que je
regarderois aujourd'hui comme du
galimathias. Mon opinion l'emporta, & le Duc d'Enghien fut
auffi flatté de fon triomphe que de
fa plus brillante victoire. Je fus fort
careffée par le Cardinal, qui avoit
été dès le premier moment entraîné
par le fentiment du Duc d'Enghien.
Vous vous étonnerez peut-être des
formes importantes, & de l'appareil
que donnoit le Cardinal à cette
affemblée; mais c'étoit l'efprit du
tems, & le fien particulièrement
en amour. Ce génie fublime qui
balançoit les deftinées des Empires,

qui portoit un regard d'aigle fur les plus grands intérêts, qui fe décidoit avec tant d'audace, qui fuivoit avec tant de conftance fes projets, n'étoit plus le même lorfqu'il differtoit; il fe montroit alors pédant & formalifte. Retiré à Avignon, il avoit traité de l'amour divin, en métaphificien fubtil, il raifonnoit de même fur l'amour profane. Un autre auroit paru fouverainement ridicule; mais tant de gloire environnoit fa vie, tant d'éclat & de grandeur étoient répandus fur fes moindres actions, qu'on regardoit comme le délaffement d'un efprit occupé de chofes fublimes, ces pédantefques & collégiales differtations fur l'objet qui en comporte le moins.

Vous attendez , sans doute, que je vous parle de l'aventure la plus intéressante de ma vie , & dont le récit peut être embarrassant. Ma répugnance à tracer un évènement qui a fait long-tems mon malheur, qui a laissé dans mon cœur une plaie profonde, cède en ce moment au plaisir de vous ouvrir mon ame toute entière, de ne rien vous déguiser de mes fautes & de mes erreurs. Loin de prétendre à ne me montrer à vous que sous le côté favorable, je me plais à vous exposer le mal & le bien qui se trouvent en moi : ce sera à vous de juger lequel des deux l'emporte.

Je puis dire avec vérité que mon cœur seul m'a fait commettre des fautes. Nos fentimens prennent la trempe de notre caractère ; je n'ai pas été foible, mais paffionnée à l'excès pour M. de Guife : vous jugez bien que c'eft de lui que je veux parler. Dans le calme où je me trouve aujourd'hui, fans prévention & fans reffentiment, je vais vous tracer fon portrait.

M. de Guife avoit la figure, l'air & les manières d'un Héros de roman, & toute fa vie a porté l'empreinte de ce caractère. La magnificence régnoit dans toute fa perfonne & dans tout ce qui l'entouroit; fa converfation avoit un charme particulier ; tout ce qu'il difoit, tout ce qu'il faifoit, annonçoit un homme extraordinaire. L'ambition & l'amour le dominoient. Ses projets, à force d'être vaftes, étoient chimériques; mais avec un nom auffi illuftre, une valeur héroïque & un peu de bonheur, rien n'étoit au-deffus de fes efpérances. Il avoit ce don de fe faire aimer de tous ceux à qui il avoit intérêt de plaire, qui fembloit être le partage de tous les Princes Lorrains. Il étoit léger dans fes attachemens, inconftant dans fes projets, précipité dans l'exécution. Voilà fes qualités & fes défauts.

La parenté uniffoit nos deux Maifons, & c'étoit un motif de nous voir fouvent. L'état eccléfiaftique qu'il avoit embraffé, ne permit

pas

pas d'abord de lui foupçonner aucunes vues fur ma fœur ni fur moi.
Il paroiffoit fe plaire également avec
l'une & l'autre ; mais je vous avouerai
que, fans projet, fans fonger à l'a-
venir, fans avoir interrogé mon
cœur, j'éprouvois quelque fecrette
jaloufie, lorfque je le croyois voir
empreffé auprès de ma fœur. J'ob-
tins infenfiblement la préférence,
& la Princeffe Marie, dont le cœur
étoit occupé, loin d'être fâchée,
plaifantoit de fes empreffeméns pour
moi. Souvent il nous donnoit des
violons & des fêtes qui avoient l'air
de la féerie. Un foir nous revenions
de Poiffy par la forêt de Saint-Germain, & nous trouvâmes une partie
du bois éclairé de mille lanternes

D

de papier de diverſes couleurs &
une tente ſuperbement décorée au
milieu d'une de ces allées. Des Che-
valiers, armés de toutes pièces, nous
invitèrent à deſcendre & à nous
arrêter. M. de Guiſe étoit dans la
tente, où nous trouvâmes une collation ſuperbe toute prête, & les
violons du Roi. Je remarquai, dans
pluſieurs endroits de la tente, des
emblêmes, qui tous étoient l'ex-
preſſion d'un ſentiment qu'on s'ef-
force de cacher, mais qui ne peut
plus être contenu. Le ton paſſionné avec lequel il me parla,
m'embarraſſoit à cauſe de la pré-
ſence de ma ſœur, dont je craignois
les plaiſanteries, & j'éprouvois une
émotion qui m'éclaira ſur mes ſentimens.

Sa passion se montra à découvert peu de tems après, par ses manières empressées, son assiduité & sa jalousie : il en fit enfin l'aveu à ma sœur, & lui confia le dessein qu'il avoit formé de quitter l'état ecclésiastique pour m'épouser, s'il pouvoit se flatter de ne m'être pas indifférent. La Princesse Marie se chargea de m'en parler.

L'Archevêque s'est enfin expliqué, me dit-elle. Je rougis à ce début ; mais loin de chercher à m'embarrasser, elle m'exhorta à avoir toute confiance en elle ; depuis quelque tems, & avant moi peut-être, elle avoit découvert mes sentimens ; ma franchise ne me

permit pas de feindre , & je lui
avouai que j'aimois M. de Guife, &
que j'avois bien peu d'efpérance...
. . . . *
Il aura, me dit-elle, des gouvernemens, des penfions ; enfin , elle
chercha à nous fervir avec zèle.

Outre les obftacles que je viens
de vous dire, Madame de Guife en
faifoit naître qui paroiffoient infur-
montables ; elle s'oppofoit avec obf-
tination à ce que M. de Guife
quittât l'état eccléfiaftique , dans
lequel les plus grandes dignités lui
étoient affurées , pour faire un mariage plus que médiocre du côté

---

* Il manque ici plufieurs lignes.

de la fortune. On ne peut fe figurer le défefpoir où cette oppofition le réduifit ; vingt fois il voulut fe tuer à mes pieds : touchée de fa douleur qui alloit jufqu'à l'aliénation , entraînée par mon propre penchant, je lui fis une promeffe de mariage, & je reçus la fienne , écrite de fon fang : enfin , il faut tout vous dire , je m'échappai de Paris , & déguifée en homme, j'arrivai à Befançon , où je pris le nom de Princeffe de Guife.

. . . .

. . . . * J'appris qu'il y faifoit fa cour à une femme qui lui prodiguoit fes faveurs pour le retenir dans fes fers. Jamais, je crois, on

-----

* Il y a ici deux ou trois pages d'égarées.

D iij

n'éprouva une plus violente révolution. Je me voyois perdue de réputation, pour avoir ajouté foi aux promesses les plus sacrées. Un couvent paroissoit le seul asyle où je pouvois ense-
velir mes égaremens. Mon aventure
étoit l'entretien de toute l'Europe,
& en y songeant depuis, je me suis
surprise cent fois, m'étonnant moi-
même d'avoir pu reparoître dans le
monde avec quelque considération.

Vous voyez avec quelle sincérité
je m'explique : je devois être perdue
à jamais. La réputation revient
quand on est jeune ; les fautes s'ou-
blient avec le tems qui efface tout ;
mais il faut être soutenu par des
amis puissans, être dans une cer-

taine élévation, & me fera-t-il permis de le dire? il eft néceffaire d'avoir quelques qualités qui attirent l'eftime.

J'étois mille fois plus affligée de la perte que je faifois, & de la perfidie dont on payoit la plus vive tendreffe, que de tous les vains propos du monde; je partis à l'inftant pour Paris, fans écrire même à celui qui me trompoit fi cruellement. Je m'éloignai du monde en arrivant, & pour me fouftraire aux regards de la malignité, & pour m'enfevelir dans ma douleur. Une maladie dangereufe fut l'effet de tant d'agitations, & mon état m'attira l'intérêt du Public. On me plaignit; j'échapai au mépris par la vérité & la force de ma paſſion. Mon humeur changea ; mon ame reſta comme flétrie, les plus noirs preſſentimens la rempliſſoient ; je ne pouvois, ſans treſſaillir, entendre prononcer le nom de M. de Guiſe ; il me ſuffiſoit de rencontrer ſes livrées pour être triſte le reſte de la journée.

J'ai fait, j'en conviens, une grande imprudence : mais qui ſe ſeroit attendue à être auſſi cruellement, auſſi promptement trompée ? La Princeſſe Marguerite de Lorraine s'eſt évadée comme moi, déguiſée comme moi, pour aller joindre Monſieur, le plus foible, le plus volage des hommes. Elle a été plus heureuſe, parce que Monſieur, pour la première fois de ſa vie, a eu une volonté ferme & conſtante.

Le tems calma mes douleurs; la diſſipation, les plaiſirs, les affaires en ont ſuſpendu le ſouvenir, ſans l'effacer. Je n'ai jamais vu ſe marier des perſonnes qui s'aimoient, ſans faire un triſte retour ſur moi-même. Mon cœur n'a pas reſté inſenſible; mais en m'interrogeant, j'ai ſenti que la premiere impreſſion avoit été la plus forte. Il eſt dans le premier ſentiment, un charme, une ſurpriſe agréable, qu'on n'éprouve plus. L'extrême jeuneſſe, à qui tout eſt nouveau, donne ſeule des émotions qu'on ſe flatte en vain de faire renaître. On dort à tous les âges ; mais il eſt un calme, une légéreté, une fraîcheur, qui ne ſe trouvent que dans le ſommeil de la jeuneſſe : il en eſt de même de nos ſentimens.

Le Roi s'affoibliſſoit de jour en jour, & la Cour de la Reine devenoit plus nombreuſe. Les regards étoient fixés ſur elle. Tous ceux qui avoient ſouffert pour ſes intérêts, tous ceux qui étoient mécontens du gouvernement actuel, croyoient avoir des titres à la faveur, ſous un nouveau regne. Le Cardinal Mazarin careſſoit tout le monde. Il étoit humble dans ſes diſcours, ſans aucun faſte extérieur; & paroiſſoit plutôt deſirer de reſter dans le Conſeil , que prétendre à y dominer. Celui qui, dans ce moment , auroit regardé comme poſſible qu'il fût le maître du Royaume, auroit paſſé pour un fou. Si le Cardinal Mazarin n'eût pas été Eccléſiaſtique , jamais il n'auroit gouverné. Chavigny avoit plus d'eſprit , plus de connoiſſance des affaires : il étoit dans tous les rapports bien plus propre à l'adminiſtration du Royaume.

La Reine avoit affectionné l'Évêque de Beauvais ; cette amitié paſſa comme celle d'une jeune fille qui ſe marie pour ſes anciennes camarades. Il ſe montra ridicule & inca-

pable , & le Cardinal attira vers lui
toute l'autorité , fans qu'on s'en
doutât en quelque forte. Je ne tardai
pas à m'appercevoir aux manières
de la Reine , qu'il étoit plus avant
dans fes bonnes graces qu'on ne le
croyoit. Il ne s'étoit point fait d'ennemis fous le regne précédent , où
il n'avoit eu que du crédit & point
de puiffance. L'incertitude de fa
fituation , celle de la fanté du Roi
& du Cardinal l'avoient porté à
ménager la Reine. Chavigny étoit
odieux à cette Princeffe. Château-
neuf étoit rédouté par fon ambition,
la hauteur de fon caractère , & fes
liaifons avec la Ducheffe de Chevreufe : fi quelqu'un devoit gouverner , c'étoit lui ; rien ne lui man-

quoit ; lumieres, expériences, efprit du monde & des affaires, manège de Cour, l'art de fe faire des créatures. Il avoit toutes les qualités néceffaires pour occuper la première place ; mais une réputation éclatante, lorfque les hommes ont le tems de réfléchir, nuit plus que les grands défauts ; il faut que des événemens imprévus & foudains élèvent les gens d'un mérite fupérieur, fans quoi chacun fonge à n'avoir pas un rival qui l'embarraffe & obfcurciffe fon mérite. M. de Châteauneuf étoit trop confidérable pour n'être pas le premier du Confeil, dès qu'il y feroit entré. C'eft encore un inconvénient que d'être annoncé pour tenir trop d'efpace. Le Cardinal Mazarin pro-

fita & de la haine qu'infpiroit Chavigny, & de la crainte qu'on avoit
de Châteauneuf. Il fembloit ne
tenir fa fupériorité dans le Confeil,
que de fa dignité de Cardinal ; on
ne le voyoit point établi dans le
Royaume, & il faifoit croire qu'il
ne defiroit que de retourner en
Italie, après avoir établi le calme
au dehors.

La Reine parloit peu de lui dans
les commencemens, ne le louoit
que fur fa douceur ; & cette modé-
ration me parut dire plus de chofes
que l'enthoufiafme le plus vif. Je le
dis à M. de Senneterre ; il fe moqua
de moi. Le Cardinal Mazarin, me
dit-il, eft néceffaire par la connoif-

sance qu'il a des affaires du dehors ; mais ignorant les formes & les usages du Royaume, comment voulez-vous qu'il succède au Cardinal de Richelieu ? il a des manières ridicules, il estropie les noms, les mots ; un tel homme n'est pas fait pour la première place ; il se bornera à être utile pendant quelque tems & visera à obtenir de grosses Abbayes pour retourner à Rome, où il aura peut-être la surintendance des affaires de France. La Reine le traite bien : elle n'a pas eu lieu de s'en plaindre, & il cherche à se rendre agréable & nécessaire ; il l'amuse par ses contes, & s'il parloit bien françois, il lui plaîroit moins, en disant les mêmes choses.

Le Cardinal, lui répondis-je, eſt plus avant dans la confiance de la Reine, que vous ne penſez, & voici ſur quoi je me fonde. Elle a la plus grande familiarité avec lui, & n'en parle jamais : il eſt donc ſenſible qu'elle eſt ſur ſes gardes, & ne veut pas qu'on la pénètre. Elle ne dit pas qu'elle le conſultera, & cependant j'ai remarqué qu'elle n'a jamais rien décidé ſans l'avoir vu. Il eſt ſimple qu'elle le conſulte ſur les grandes choſes, mais elle ne ſe détermine ſur les plus petites affaires, ſur celles dont il a le moins de connoiſſance, que par ſes avis : c'eſt donc le goût, c'eſt le penchant qui la porte à l'entretenir de tout. Enfin, elle ſouffre ſans humeur, & permet qu'il ne

faſſe

fasse pas ce qu'elle lui recommande;
j'en ai encore eu la preuve hier : une
de ses Femmes, qu'elle aime beaucoup, lui a demandé une Abbaye
fort médiocre pour un de ses Parens,
la Reine en a parlé au Cardinal avec
un grand intérêt, & celui-ci l'a refusée, sans donner de trop bonnes
raisons ; elle s'en est contentée, &
n'a fait éclater aucune humeur. Il
est clair que les sentimens du Cardinal trouvent son esprit disposé singulièrement à les recevoir. J'ai vu
enfin la Reine, ces jours passés,
d'une aigreur extrême contre Madame de Montbazon; le Cardinal
lui a fait un signe qui n'a été apperçu
que de moi, & elle a pris à l'instant
le ton le plus doux : quelques mo-

* E

mens après, elle a regardé le Cardinal avec des yeux qui lui difoient :
vous devez être content de moi.
Voilà ce que j'ai vu ; vous y étiez,
& ne l'avez point remarqué, &
perfonne ne s'en eft apperçu. Enfin,
je crois diftinguer que des gens qui
fe croient bien traités pour eux-
mêmes, ne le font que parce qu'ils
font attachés au Cardinal. La Reine
déclareroit la guerre, ou feroit la
paix par fon avis, que cela ne
prouveroit rien pour fa faveur ; mais
les petites circonftances dont je vous
parle, ne me permettent pas d'en
douter.

Nous fûmes interrompus par
Chavigny, qui nous parut décom-

pofé, & comme j'avois affez d'amitié pour lui, je lui demandai la raifon du trouble qui l'agitoit.

« Je fuis perdu, dit-il; & ce qui me défefpère, c'eft d'avoir bâti l'édifice qui m'écrafe. Ce pantalon de Mazarin prend des airs de Richelieu avec moi; je fors de chez lui, où après m'avoir fait attendre une heure dans fon antichambre, il m'a reçu avec hauteur; j'ai voulu entrer en explication avec lui fur le changement de fes manières, il ma foutenu qu'elles étoient ce qu'elles devoient être, mais que je ne ferois point content, fi je n'étois le maître. Il m'a ajouté que j'avois dû m'accoutumer à ne l'être pas, & m'a enfin fait entendre très-clairement, qu'il prétendoit être traité comme le Cardinal de Richelieu dont il se flatte d'occuper la place. »

Chavigny avoit raison d'être irrité; il avoit protégé Mazarin, qui avoit été, en quelque sorte, son bouffon : il l'avoit fait valoir auprès du Cardinal de Richelieu ; & sa fortune étoit à-peu-près son ouvrage. Chavigny avoit été, dès sa jeunesse, initié aux plus grandes affaires, & dans la plus grande faveur auprès du Cardinal de Richelieu, dont on le croyoit fils. C'étoit un homme d'une grande capacité, mais d'une humeur fière & d'un caractère emporté.

Le Duc de Beaufort fut arrêté peu de tems après, & ce coup d'éclat ouvrit les yeux à tout le monde, & fit connoître le pouvoir du Cardinal Mazarin. Jamais on ne fit un plus juste usage de l'autorité ; il étoit impossible que la Reine supportât les propos & les manières du Duc de Beaufort : elle s'étoit jetée entre ses bras dans les premiers jours de la Régence, & lui avoit donné des marques d'une confiance sans bornes. Il ne tarda pas à montrer combien peu il en étoit digne, & ne pardonna pas à la Reine de l'avoir jugé, après s'y être aveuglément abandonnée : il manquoit à la Reine, la contrarioit indécemment, lui rioit au nez, & je l'ai vu un jour lever les épaulés en l'écoutant. La Reine m'appella, & me dit tout bas : » il fait le fièr, à ce qu'il croit, mais ce n'eſt qu'un laquais inſolent «. On lui avoit cru de la probité, parce qu'il étoit groſſier ; mais il étoit artificieux, autant que le comportoient les foibles moyens de ſon eſprit. Le Cardinal fut plus reſpecté après cet acte d'autorité.

Cinq ans à-peu-près ſe paſsèrent, ſans rien de remarquable. La Régente étoit adorée ; le déſordre étoit dans les Finances, mais on trouvoit de l'argent ; la Cour n'étoit occupée que de fêtes & d'amuſemens : mais les eſprits des Compagnies & du Peuple s'aigriſſoient par les profuſions de la Cour & les charges nouvelles qu'on impofoit. Tout-à-coup le feu caché fous la cendre fe manifefta, & l'efprit de révolte & de fédition s'empara de toutes les claffes. Il fembloit qu'il y eût dans toutes les têtes une inquiétude vague, un befoin d'agitation, qui ne demandoient que les plus légères circonftances pour fe développer & fe porter aux plus grands excès. Quelques droits établis fur les entrées, & douze charges de Maîtres de Requêtes créées furent l'étincelle qui mit le feu aux matières combuftibles, depuis long-tems amaffées. Le Parlement donna le fignal; il fit des remontrances; les autres Cours fouveraines fe joignirent à lui : mais toute cette fermentation fe feroit évanouie en fumée, fans un homme factieux par goût, par étude, par le ressentiment de son amour propre blessé, fans le Coadjuteur. Il avoit acquis le plus grand ascendant sur un Personnage qui a joué un grand rôle, fans aucunes des qualités propres à le soutenir. Vous jugez que je veux parler du Duc de Beaufort. Son plus grand mérite étoit d'être échappé depuis peu de tems, des fers du Cardinal Mazarin : il joignoit à ce mérite, fait pour produire de l'effet dans un moment de trouble, une affez belle figure, de grands cheveux blonds, l'avantage d'être Petit - Fils de Henri IV, qui le rendoit chèr à la multitude, des manières & des expreffions groffières qui le rapprochoient du Peuple, flatté d'entendre parler fa langue. Il eft facile de concevoir qu'un pareil automate, habilement remué par un homme d'un génie artificieux, devoit produire une grande fenfation parmi le Peuple. La Reine fit arrêter deux Magiftrats, cités pour ouvrir, à tort & à travers, des avis contre la Cour. C'étoit dans la réalité deux hommes au-deffous du médiocre, conduits par un zèle aveugle. Brouffel, l'un d'eux, qui avoit confumé foixante ans dans la pouffière du Palais, étoit fur-tout chèr au Peuple, qui le regardoit comme fon zélé défenfeur. On fit des barricades comme du tems de la ligue ; le Coadjuteur dirigeoit le Peuple, l'animoit par fes

Emiſſaires, tandis qu'il s'offroit à la
Régente, pour avoir le mérite d'é-
teindre le feu qu'il avoit allumé. On
ne fut pas la dupe de ſon zèle, &
il ne pardonna pas qu'on l'eût dé-
viné, & qu'on ſe fût moqué de lui:
il n'en fut que plus irrité contre la
Cour, qui avoit dédaigné ſes ſervices, & apprécié ſes motifs. La
Reine violente par tempérament,
& habituée à voir tout fléchir ſous
l'autorité pendant le règne du Cardinal de Richelieu, ſe livra aux plus
grands emportemens; elle auroit
fait pendre Brouſſel & Blanmeſnil,
plutôt que de céder à la multitude.
Le Cardinal modéra ſa colère, il
tâcha d'adoucir les eſprits, eſſaya de
temporiſer, mais effrayé de l'obſti-

nation du Peuple, il fe hâta de rendre les prifonniers. Il dut paroître dès lors évident qu'il céderoit facilement à la crainte : il donna, fi je puis m'exprimer ainfi, la mefure de fon caractère, & l'on put juger aifément que la réfiftance & la hardieffe feroient reculer l'autorité, & qu'il fuffiroit d'infpirer de la crainte pour obtenir les avantages que chacun pourroit defirer.

Je ne vous entretiendrai pas des affemblées des compagnies, des arrêts, des déclarations. Pendant quelque tems, il y eut une guèrre entre la Cour & les Cours, toute en formalité de Juftice. Rien n'eft plus faftidieux à raconter, & vous y prendriez peu d'intérêt. Ces grands corps fuivoient aveuglément les impulfions de quelques efprits remuans. Sans avoir de plan & juger de l'endroit où ils vouloient aboutir, ils s'agitoient par un befoin de mouvement ; & le fentiment de la mal-aifance des peuples, fortifié d'un faux zèle de la part des chefs qui les dirigeoient, excitoit leur oppofition à l'autorité. Ce fut le bonheur de la France, que perfonne en ce tems ne fe trouvât doué du caractère & d'un génie propres à fervir une grande ambition. Les projets n'avoient rien de fixe ; des qualités brillantes, le courage, l'efprit, éclatoient dans quelques perfonnes.... (*) Il y avoit des gens habiles dans l'intrigue, mais pas un chef de parti.

Vous m'avez quelquefois reconnu du talent pour faire des portraits ; je vais tâcher de vous tracer ceux des personnages qui ont paru fur la Scène dans les troubles de la minorité. La prévention n'égarera pas mon pinceau, & vous trouverez un jufte accord entre leurs phyfionomies & leurs actions.

La Reine ne manquoit pas d'efprit, & démêloit avec affez de fineffe les fentimens de ceux avec

____

(*) Il y a ici trois lignes d'effacées.

lesquels elle avoit à traiter ; mais incapable de la plus légère attention , elle abandonnoit ses idées quelquefois justes , parce qu'il en coûtoit à sa paresse de débattre des opinions & de soutenir son avis. La crainte de se trouver responsable des évènemens la portoit encore à céder à l'avis des autres ; son ame avoit plus de hauteur que de fièrté ; son caractère étoit emporté , & dans les momens d'irritation les partis les plus violens lui venoient à l'esprit ; comme ils semblent tout applanir en détruisant les principes des obstacles , elle les auroit encore préférés pour sortir plutôt d'affaire & se rendormir dans sa paresse. Le sentiment d'un casuiste auroit enfuite tout couvert , auroit tout confacré. Suppofez Richelieu à la place de Mazarin , la Régence de la Reine auroit été remarquable par de fanglantes cataftrophes.

Le Cardinal Mazarin , d'un efprit fin & délié , mais fans étendue ; d'un caractère fouple ; doué d'une grande patience , féduifant par fes manières , agréable par fa gaieté , a dû la plupart de fes fuccès à fon bonheur. Il y avoit en lui quelque chofe qui reffentoit l'aventurier ; & dans la plus grande élévation , il a pu exciter la crainte , & n'a jamais infpiré le refpect. Il étoit rufé , patient , temporifoit , promettoit , leuroit par des efpérances ; c'étoit un homme habile, plutôt qu'un grand homme. La gloire avoit peu de prife fur fon ame, dominée par l'intérêt; il s'eft foutenu par le bonheur, par la patience, & c'eft en régnant fur une femme qu'il a régné fur la France.

Madame de Chevreufe avoit de l'efprit, & fouvent des idées heureufes, des reffources inattendues, qui avoient l'air de l'infpiration. Elle avoit dans fes manières de la féduction, & une nonchalance qui contraftoit d'une façon piquante avec un efprit ardent. Les diverfes époques de fa vie étoient marquées par la faveur, la grandeur, l'exil, l'abaiffement, la magnificence & le befoin. Après l'amour, ce qui dominoit

minoit le plus dans elle étoit la
paffion de l'intrigue ; elle ne pouvoit renoncer aux plaifirs de l'un ,
& à l'agitation de l'autre. Les négociations , les rendez-vous noctur-
nes , les déguifemens avoient pour
elle un charme infini ; & les plaifirs
communs , les intérêts ordinaires de
la Société , comparés aux grands
objets qui avoient intéreffé fon efprit , étoient pour elle ce que feroit
à un gros Joueur un petit jeu de
commerce. L'amour étoit un moyen
d'intrigue pour elle , & l'intrigue
un moyen de fervir fon amour.
Abandonnée à fon Amant, fidèle à
fes amis , elle avoit de la fierté , du
courage ; ne connoiffoit rien d'impoffible , par l'habitude d'avoir vu

F

réuſſir les entrepriſes les plus difficiles. Elle ne croyoit à la vertu d'aucune femme , & regardoit l'amour
comme le ſeul principe actif qui
puiſſe déterminer des démarches
vives & ſoutenues. Sans l'amour ,
diſoit-elle , on ne diſpoſe jamais entièrement des perſonnes au moment,
& on ne leur inſpire ni la volonté ,
ni la vivacité néceſſaire. Madame
de Chevreuſe voyoit à tel point l'a-
mour & la galanterie dans toutes les
affaires, comme le premier reſſort ,
qu'elle me diſoit un jour , en voyant
le Général des Capucins : « Je parie
» que , s'il nous racontoit ſa vie ,
» on trouveroit que l'amour & les
» femmes, de près ou de loin , ont
» contribué à ſon élevation. »

Mademoifelle, dont vous avez entendu raconter les exploits guerriers, & que vous voyez fi dévouée à la faveur, enivrée d'un regard du Roi, enchantée d'une parole de fes Miniftres; Mademoifelle, qui a touché de la main tant de couronnes, a du bel efprit & fort peu de fens, de l'effervefcence dans la tête, de la foibleffe dans le caractère : glorieufe comme une Bourgeoife parvenue, indifcrète par vanité, légère dans fes attachemens, fans fuite dans fes projets, elle a fupérieurement le don de vouloir, de defirer & d'agir à contre-tems.

M. le Prince, que fa naiffance & fa réputation mettoient au-deffus

de tous, dédaignoit le rôle de Chef
de Parti ; il avoit plus d'amour pour
la gloire que d'ambition raifonnée.
Il n'avoit fait que paffer en quelque
forte de l'affujettiffement de l'enfance au commandement des Armées & aux triomphes : habitué à
être obéi dans les camps, à n'y voir
que des hommes foumis & en-
thoufiafmés de fes talens , il étoit
peu fait aux ménagemens : la vivacité de fon génie lui rendoit in-
fupportables les lenteurs néceffaires
à la préparation des grandes affaires;
il s'irritoit des obftacles, & fembloit
vouloir tout ravir de force vive.
M. le Prince, par l'éducation qu'il
avoit reçue, étoit porté à ménager
la Cour, mais il fentoit que fes fervices lui donnoient de grands droits;

il ne pouvoit se résoudre à abaisser sa gloire devant la faveur, qui répugne à rendre justice pour n'accorder que des graces.

Ayant si peu à prétendre dans le degré d'élevation où il étoit, peu d'objets lui paroissoient dignes d'une attention suivie ; il ne formoit de plan qu'au moment, & comme il n'avoit pas à un égal degré l'ardeur & la patience, il ne suivoit pas constamment ses projets. Supérieur à Henri de Guise par le génie & les talens, il manquoit de cet art de captiver les esprits, de cette popularité qui a fait tous les succès du Balafré. On a voulu les comparer, & jamais il n'y eut moins de rapport, en posi-

F iij

tion, efprit, caractère. M. le Prince
prétendoit à l'admiration des hommes, & le Balafré à la domination.

Madame de Longueville, belle,
jeune, fpirituelle, fut toujours entraînée par fa vanité, gouvernée par
fes Amans. Son efprit ne lui fervoit
de rien ; il étoit entièrement fubor-
donné aux idées de celui qui règnoit
fur fon cœur. Elle n'étoit point am-
bitieufe, mais avoit envie de faire du
bruit, fans vues, fans autre objet que
celui de produire un effet dans le
monde ; elle étoit enchantée de paroître avoir de l'influence dans les
affaires. Son foible fur-tout étoit de
paffer pour avoir de l'efprit, &
les artifices les plus contraires à la
bonne foi lui plaifoient, dès qu'ils

fervoient à donner l'opinion de fon habileté.

Le Coadjuteur avoit un génie fupérieur, de la grandeur d'ame, & une générofité qui alloit jufqu'à la profufion. Il avoit l'art de fe faire des créatures & d'infpirer de l'enthoufiafme aux uns par fon efprit, aux autres par fon entier dévouement aux intérêts de fes Amis. Il avoit de la popularité, de l'éloquence, enfin toutes les qualités propres à faire jouer un grand rôle dans un tems de trouble. Son génie étoit au-deffus des affaires, & fa trempe étoit telle qu'il ne pouvoit avoir tout fon effor dans une monarchie ; auffi fe plaifoit-il davan-

tage à régner fur les efprits, à former des partis, à les oppofer les
uns aux autres, à dominer par fon
éloquence, à diriger par fon habileté, qu'il n'auroit été fatisfait
dans la place du premier Miniftre,
où l'autorité femble tout applanir
& laiffer moins d'action au génie.
Il ne concevoit jamais rien qui ne
fût grand, & fe perdoit quelquefois dans le vafte. Les crimes ne lui
auroient rien coûté dans un moment
décifif ; la grandeur & l'éclat de
l'objet l'auroient emporté fur tout
principe, auroient fait taire en lui
tout fentiment. Sa tête étoit remplie
d'une grande érudition en matière
de conjuration : il avoit étudié les
refforts des anciennes confpirations,

favoit par où chacune avoit réuffi ou manqué. Enfin, cette partie de l'hiftoire, fi chère à fon cœur, lui étoit familière, comme les détails de la guerre à un homme qui fe deftine au commandement des Troupes, comme les loix à un Magiftrat éclairé : il auroit pu profeffer les conjurations.

Parlerai-je de Monfieur? ce nom fi grand, fi important, fe trouve à la tête de toutes les affaires, fous le règne de Louis XIII, & fous la régence. Beaucoup d'efprit, une grande facilité à s'exprimer, un caractère changeant & diffimulé, une ame timide, indolente, & toujours affervie à quelque Favori :

voilà Monsieur tel qu'il étoit, &
tel que ses actions le peignent. Son
extrême facilité, jointe à sa paresse,
le portoit à déférer à l'avis des autres.
Monsieur m'a donné souvent lieu
de réfléchir aux inconvéniens d'un
tel caractère, dans un homme élevé
par sa naissance ou ses dignités. Le
désagrément de voir un visage triste
& mécontent, a mille fois précipité
les Rois & les Grands dans les plus
terribles embarras. Il ne falloit qu'un
quart d'heure de fermeté pour s'opposer à une demande injuste, combattre une opinion dangereuse,
souffrir l'aspect d'un visage chagrin
& soucieux : des années d'agitations
& de travaux, le sacrifice des plus
chèrs intérêts, n'ont pas suffi en-

ſuite pour réparer un moment de foibleſſe.

M. le Prince vint chez moi, deux jours avant que le Roi ſortît de Paris : il me parut irrité au dernier point de l'audace du Parlement & des Compagnies ; cependant j'avois des notions aſſez ſûres qu'il avoit des liaiſons fort étroites avec Longueil & le Coadjuteur. Je m'appliquai, pendant la converſation, qui fut aſſez longue, à démêler ſes véritables ſentimens, qu'il étoit moins que perſonne maître de cacher. Il s'emporta contre la Ducheſſe de Longueville ; il fit des railleries amères du Prince de Conti, qui vouloit entrer dans le Conſeil : Si les Singes

se réuniffoient en Nation, il pourroit, me dit-il, en être le premier
Miniftre. Le Coadjuteur ne fut
pas épargné. Je vis clairement à
travers toutes ces déclamations, que
M. le Prince prendroit peut-être
le parti du Parlement, pouffé par
la jaloufie de l'autorité de Monfieur, & par la crainte de ne jouer
que le fecond rôle dans une circonftance auffi critique; mais que
fi la Reine fe déterminoit à des
moyens décififs, à faire venir une
armée à Paris, il feroit pour la Cour.
Affuré de commander l'armée, dont
Monfieur ne feroit qu'un Général
en peinture, il fentoit qu'il feroit
le maître de pouffer les affaires,
& d'attirer toute la gloire à lui.

Enfin, c'étoit rentrer dans son élé-
ment, que de se trouver à la tête
des troupes.

Après avoir discuté tous les
moyens de maintenir l'autorité
ébranlée de jour en jour, & de
mettre fin aux troubles, je ne puis
avoir qu'un avis, me dit-il : c'est
avec une Armée au-dedans de Paris,
qu'on en imposera au Parlement &
au Peuple. C'est en logeant le Roi
à l'Arsenal, qu'il peut être en sûreté
& donner la loi : tout autre moyen
est insuffisant ; si l'on suit mon avis,
je réponds que dans trois jours tout
tremblera ; &, si l'on veut, je me
charge de la haine des grandes Robes
& du Peuple.

Le Cardinal de Richelieu, lui dis - je, auroit pris ce parti, mais il n'auroit pas fait commander l'armée par le premier Prince du Sang, qui, devenu l'unique appui de la Cour, auroit été le lendemain le maître du Miniſtre. Le Cardinal ſentira que vous pourrez tout exiger, que le Cabinet vous ſera ſoumis, & qu'il ſera réduit à être votre valet. Monſieur craindra également d'être entièrement éclipſé par vous.

Les affaires tournèrent comme je l'avois prévu. La Cour ſortit de Paris, au lieu de s'y maintenir avec autorité & force. Cette retraite conſterna d'abord; on croyoit que Paris alloit être affamé dans peu & obligé de subir la loi d'un maître irrité : mais les esprits se rassurèrent promptement, & l'on passa de la crainte à l'audace. Il fut aisé de faire sentir aux Parisiens qu'une ville qui avoit une aussi vaste enceinte & tant d'abords, ne pouvoit pas être facilement bloquée ; que les vivres y arriveroient malgré tous les obstacles qu'on opposeroit, & qu'on feroit tout au plus exposé à l'inconvénient de les payer un peu plus chèr. Il y avoit du trouble avant le départ du Roi ; il y eut une véritable révolte à sa retraite. La séparation des lieux établit dans l'instant deux partis ouvertement déclarés l'un contre l'autre. Le Parlement

devint une puissance qui se mit véritablement en état de guerre.

Au milieu du tumulte qui régna
pendant les premiers jours , il m'é-
toit impossible de sortir de Paris
pour suivre la Cour ; j'en prévins
la Reine , & lui demandai si je devois tout hasarder pour m'y rendre ,
ou si elle croyoit que je pûsse en
y demeurant être utile à son service.
Ce n'étoit pas le tems des Négociations. La Reine étoit animée , &
croyoit que tout céderoit bientôt à
l'appareil des forces Royales , & à la
crainte de manquer de pain. Elle
m'écrivit de rester , que dans huit
jours je la verrois de retour à Paris.
Elle n'en doutoit pas. M. le Prince,
plein

plein de mépris pour une armée de
de Bourgeois & pour les Chefs, lui
inspiroit par ses railleries une pré-
somption, à laquelle elle avoit naturellement beaucoup de pente
comme tous les Princes. L'intervalle qui les sépare des autres hommes qu'ils sont habitués à ne voir
que dans une attitude de soumission, ne leur permet guère de connoître avec précision l'époque où
l'obéissance peut se changer en op-
position, la soumission en audace.
Dans les tems de troubles, rien n'est
indifférent; un mot, un geste produit une révolution soudaine dans
les esprits, & l'occasion perdue ne
se retrouve plus. Le moment d'employer la force ou la douceur, ne

G

peut être saisi que par le génie , &
le génie souvent ne fait rien s'il
n'est secondé d'une grande ame.

Je ne fus pas fâchée de rester à
Paris, pour y être témoin des grands
événemens qui se succédoient ; je
n'étois dans le vrai d'aucun parti ;
j'étois liée particulièrement avec
Madame de Bouillon , dont l'esprit
me plaisoit infiniment. Nos carac-
tères se ressembloient peu ; elle
avoit autant d'artifice que j'ai de
sincérité ; mais le charme de sa conversation resserroit sans cesse une
liaison que diverses circonstances
avoient formée ; elle nageoit, pour
ainsi dire, toujours entre deux eaux,
& son grand art étoit de ne jamais

ouvrir un avis, de ne jamais l'adopter entièrement, mais de laisser seulement entrevoir de quel côté elle pourroit pencher, en se réservant toujours les moyens de s'interpréter, de changer suivant les circonstances. La grandeur de la Maison de Bouillon l'occupoit toute entière, & la manie de la Principauté & d'un rang l'emportoit sur les solides avantages du dédommagement de Sedan ; elle se flattoit de pouvoir rentrer dans cette place.

Le Duc de Bouillon avoit une grande réputation de capacité, & sa réputation m'a paru au-dessus de son mérite ; il y avoit quelque chose d'énigmatique & d'enveloppé dans son esprit, qui imposoit & avoit fait présumer la profondeur ; il étoit à cet égard semblable à M. de Turenne , avec cette différence, qu'on démêloit promptement dans M. de Turenne , que la défiance de lui-même produisoit en lui un certain embarras , qui jetoit de l'obscurité & de l'incertitude dans ses discours ; des éclairs brilloient par intervalle qui écartoient les nuages , & découvroient la profondeur & l'étendue de son génie. On devinoit en quelque sorte M. de Turenne plus qu'on ne le connoissoit. Les occasions se présentoient, & il se montroit supérieur , même à ce qu'on avoit présumé de lui : c'est le seul homme qui, depuis dix siècles peut-être, ait réuni à un degré suprême le respect que commande la vertu & l'admiration qu'excitent les talens. J'ai vu des gens d'esprit, des hommes puissans & capables, avoir des créatures & des partisans ; mais il faut l'opinion de la vertu pour exciter l'enthousiasme public.

M. de Bouillon me témoignoit une considération qui me flattoit : souvent on s'adressoit à moi pour le déterminer à prendre un parti ; j'avois l'attention de lui laisser toujours la gloire de l'invention ou de la décision. Madame de Bouillon m'avoit inspiré cette conduite avec lui, que le succès a toujours justifiée. On ne pouvoit pas prendre une

grande confiance dans leur caractère, mais on en avoit une extrême
dans leurs lumières.

Les habitudes de M. & de Madame de Bouillon avec l'Efpagne,
leur donnoient un grand afcendant
dans les affaires. C'étoit de ce côté
feul que la Cour avoit véritablement
à redouter : fans fecours étranger,
la flamme de la fédition fe feroit
bientôt éteinte ; le Peuple ne pouvoit pas tarder à fe laffer de payer les
vivres plus chèrs, le Parlement & les
Bourgeois de fournir des fonds ; ils
devoient naturellement ouvrir les
yeux, & voir que les Chefs qui ani-
moient les Compagnies & le Peuple,
retireroient feuls les avantages d'une

guerre dont le fardeau retomboit entièrement fur le Peuple. Mais fi une armée Efpagnole s'étoit avancée vers Paris, elle eût tenu en échec les troupes du Roi; la Royauté n'auroit pas couru de hafard, comme du tems de la ligue; mais les Efpagnols auroient pu faire fubir la néceffité d'une paix humiliante & défavantageufe. M. d'Elbeuf auroit eu de l'argent, M. de Bouillon auroit pu fe faire reftituer Sedan : des gouvernemens, des penfions auroient fatisfait les autres Chefs.

Je m'en expliquai un jour de cette manière avec le Coadjuteur, & je lui dis : » Je ne fuis en peine que de vous. Que peut-il vous revenir,

qu'un nom moins illuftre que fa-
meux ? Catilina & Jean Louis de
Fiefque, votre ami, combattoient
pour eux ; ils jouoient le tout pour
le tout, & la gloire de paffer d'une
condition privée à la fouveraineté
peut faire tenter tous les hafards.
Mais vous, avec un génie fupérieur
à celui de ces deux Confpirateurs,
quel eft le but auquel vous afpirez ?
vous pouvez embrâfer & détruire ;
mais eft-il en votre pouvoir d'édifier,
de vous élever ? je fuppofe le Cardinal chaffé à jamais ; aurez-vous
fa place ? la conferverez-vous ? Def-
titué, exilé, arrêté peut-être peu
de tems après une élévation forcée
par les circonftances, vous aurez
mis la France en feu, pour occuper

pendant trois femaines la niche du premier Miniftre : car enfin la Reine n'oubliera jamais que vous l'avez fait trembler. Les Princes pardonnent plutôt les trahifons qu'on leur fait, que les fervices d'un Sujet trop puiffant. «

» Je ne nierai point, répondit le Coadjuteur, que ma pofition foit très-embarraffante, & malgré ma franchife, vous n'attendez pas de moi que je vous dévoile tous mes projets, & que je vous expofe tous mes moyens ; il me fuffira, je crois, pour n'avoir pas l'air d'un extrava-gant, de vous prouver qu'il peut fe trouver des chances heureufes dans le jeu que je joue, fans vous dire celles qui fixent mon attention & peuvent être l'objet de mes vœux. Je vous prouverai auſſi que je connois & les dangers que je cours, & l'inſtabilité des perſonnes en qui je pourrois me confier. La Reine eſt furieuſe contre moi, le Cardinal me déteſte ; c'eſt le malheur des circonſtances, plutôt que mes fautes, qui m'ont attiré leur reſſentiment ; & vous le ſavez, on m'a mépriſé, raillé, on a formé des projets de m'arrêter, lorſque je n'avois d'autre tort que celui d'avoir été utile : l'intérêt de ma sûreté, & peut-être, je ne le cacherai pas, un certain penchant pour les révolutions des États, penchant inné en moi, & fortifié par mes premières lectures, ſont les principes qui ont déterminé ma conduite. M. le Prince est au fond bien disposé pour moi; Monsieur ne m'aime pas, parce que son vil Favori me craint, j'ai la plus grande influence dans le Parlement, je suis maître du Peuple : Voilà le beau côté. Mais M. le Prince m'abandonnera en m'estimant ; le Parlement me fera mon procès, pour avoir fait ce qu'il aura prescrit trois jours auparavant par ses arrêts ; & le Peuple qui prendroit les armes aujourd'hui au moindre ordre que je donnerois, me verroit tranquillement mener demain à la Bastille. Je ne me confie donc pas aveuglément dans mes moyens ; mais en connoissant leur insuffisance, je fais aussi quelle peut être leur valeur.

» Le Parlement bien entretenu dans sa chaleur, poussé par l'esprit de faction qui anime quelques-uns de ses membres, peut porter les choses à l'extrême, le Peuple le seconder & faire trembler la Cour, enfin forcer le Cardinal à passer les monts. Il ne restera plus alors que des Ministres subalternes, dont aucun n'osera prétendre à la première place, si ce n'est M. de Château-neuf. Est-il impossible que M. le Prince me préfère pour la remplir ? La Reine me déteste : l'intérêt de son repos la décidera ; elle croira tout pacifier en donnant sa confiance à un homme qui lui répondra du Parlement , à un homme chèr au Peuple & ami de M. le Prince ; elle se trouvera en sûreté de tous les côtés ; enfin , elle est femme , & trois mois d'accès d'assiduité peuvent changer les dispositions. Voilà d'abord une perspective possible à imaginer : je dis possible, car il n'est pas vraisemblable d'arriver par la faction au Ministère. Si j'étendois ma vue dans l'horison le plus vaste , je verrois peut-être la Reine se discréditer de plus en plus dans l'esprit des Grands & du Peuple , devenir odieuse ainsi que son Ministre, Monsieur méprisé par ses irrésolutions & son attachement à la

Rivière ; je suppose que dans ces circonstances, M. le Prince couvert de gloire, fixant les yeux de la France & de l'Europe, ose aspirer à la Régence : alors je détermine le Parlement en sa faveur, l'Espagnole est mise dans un couvent & tout le monde y applaudit, Monsieur est rélégué à Blois, où il examinera tout à son aise ses médailles ; croyez-vous que je ne puisse pas me flatter d'être le Maître du cabinet sous la Régence de M. le Prince, qui a autant de dégoût pour les affaires & peut-être d'incapacité, qu'il a de talens pour la guerre ?

» Je vais me réduire à des objets

moins élevés. La Cour, dans un des momens où elle aura befoin de moi, ne me refufera pas le Gouvernement de Paris, & des avantages pour mes Amis, des Brevets, des Gouvernemens, des Penfions. Cardinal néceffairement par la fuite des tems, Archevêque & Gouverneur, ces dignités réunies ont de quoi fatisfaire une ambition modérée. Pour conferver ma confidération & effacer toute impreffion de l'efprit de la Reine & des Miniftres, je n'aurai qu'à fuivre fidèlement mes devoirs, & je trouverai moyen de les concilier avec mes plaifirs ; que puis-je attendre de plus fi l'autorité s'affermit ! Peut-être me direz-vous que j'aurois pu obtenir plus

sûrement ces avantages, ou d'équi-
valens, en reſtant attaché à la Cour.
J'en conviens ; mais forcé en partie
par les circonſtances , j'ai pris une
autre route pour y parvenir ; il
m'auroit fallu ramper ſous Mazarin ;
c'eſt en dévorant des dégoûts , en
multipliant les baſſeſſes , que je me
ſerois traîné lentement & ſans
gloire , où je puis m'élever à travers des dangers compenſés à mes
yeux par l'indépendance & la célébrité. Voulez-vous , ajouta-t-il ,
une autre perſpective ? Il eſt poſſible que la Reine & ſon Miniſtre
me faſſent l'honneur de continuer
à me craindre , & ne puiſſent ſe
réſoudre à me laiſſer dans Paris :
dans cette ſuppoſition , vous pen-
ſerez

ferez certainement qu'on fera trop heureux de fe débarraffer de moi fans violence : la furintendance des affaires de l'Italie , le payement de mes dettes & des graces pour mes amis ne peuvent alors me manquer ; j'emporte à Rome, où le Cardinal eft détefté , la gloire d'avoir triomphé de toute fa puiffance , d'a-voir été l'arbitre des affaires ; je me trouve enfin comme ces illuftres Athéniens honorés de l'oftracifme. Vous allez m'objeɾer qu'un affaf-finat peut mettre fin à tous mes projets , & que le fort du balafré doit m'intimider ; que je puis être arrêté & finir comme le Maréchal de Biron ou celui de Montmorency. J'en conviens , mais faites attention

H

que le Cardinal , tout puiſſant qu'il
eſt , ſe trouve menacé des mêmes
dangers. Il y a plus d'exemples de
Miniſtres, de favoris odieux au peuple , qui ont péri par la main d'un
factieux , que de ſujets puiſſans aſſaſ-
ſinés par l'ordre d'un Souverain.
Quant au procès , ſi le Cardinal étoit
demain arrêté par un parti & remis
entre les mains du Parlement, dou-
tez-vous qu'il fût difficile de le con-
damner juſtement comme concuſ-
ſionaire, & qu'on balançât un inſtant
à donner un auſſi grand exemple,
qui rendroit à jamais les Miniſtres
ſoumis aux Parlemens ?

» Je crois vous avoir démontré que
dans ma poſition , il eſt de grands

avantages à prétendre, de grands dangers à craindre ; mais que ces dangers ne font pas plus à redouter pour moi que pour le premier Miniftre. Cette dernière confidération me paroît frappante, & n'a pas échappé au Cardinal Mazarin, à qui, je crois, elle fait paffer de tems en tems de fort mauvaifes nuits : mais enfin, il en faut revenir à un point, je ne puis plus regarder derrière moi dans le mouvement général, il ne m'eft pas permis d'être tranquille fpectateur ; je n'agis point au hafard, mais le hafard fera beaucoup ; une maladie, une mort, une fottife peuvent changer la face des affaires ; qui peut calculer ces incidens ? Je vais finir par une ob-

H ij

fervation importante. M. le Prince
eft trop près du Trône pour l'ébranler, & lui feul peut porter de
grands coups, parce que lui feul a
du génie, de l'audace & des ta-
lents joints à une naiffance Royale.
Si M. le Prince étoit un fix ou fep-
tième Prince du Sang, peut être
feroit-il tenté du rôle du balafré;
il iroit plus loin, & la France pourroit être divifée : mais il touche de
trop près à la Royauté, il eft trop
intéreffé à maintenir dans fon entier un héritage, que la mort de
deux enfans peut demain mettre
en fa poffeffion. . . . . *

---

* Ici manquent plufieurs pages.

La paix fe fit , & les recueils du tems vous ont inftruite des divers articles du traité. Je ne vous en parlerai pas : mon intention n'eft que de vous peindre les perfonnages qui ont joué les premiers rôles, de vous tracer les événemens qui m'intéreffent , & ceux où j'ai eu part. Le Cardinal eut le plaifir de voir à fes pieds ceux qui s'étoient livrés aux plus grands emportemens contre lui. Les députations des Cours effacèrent pour un inftant à fes yeux ce que leurs arrêtés , leurs affemblées , leurs propos avoient pu avoir d'effrayant & d'humiliant pour lui. Remarquez , je vous prie , & l'hiftoire vous le rappellera fans ceffe , que rien ne

H iij

reſſemble plus au Peuple que les Compagnies ; dès qu'elles ſont hors du cercle des devoirs & des occupations qu'elles décrivent, tous leurs mouvemens ſont déréglés ; elles n'agiſſent plus que comme le Peuple, & parcourent dans un court eſpace de tems les extrémités les plus oppoſées.

La paix étant faite à Paris, les Provinces ſuivirent dans peu l'exemple de la Capitale. Le calme ne fut pas long : il reſtoit dans les eſprits un germe actif de fermentation, entretenue par le mécontentement des Peuples accablés d'impôts, & par l'ambition inquiète de quelques perſonnes. La foibleſſe

reconnue du Gouvernement avoit appris ce qu'on pouvoit oser. Il est des plaies qui ne se guérissent que par le fer & le feu, & que les palliatifs aigrissent : l'autorité combattue & méprisée ne peut se relever que par la terreur. Chacun songeoit à ses intérêts, & il étoit évident, qu'en suscitant desembarras à la Cour, on lui feroit faire, pour en sortir de nouveaux sacrifices utiles aux chefs & aux particuliers. . .
. . . . *

M. le Prince ne tarda pas à manifester de nouvelles prétentions, il ne mettoit pas de bornes aux

----

* Il y a ici deux pages de déchirées.

faveurs qu'il se croyoit en droit d'attendre de la Cour. L'amirauté lui fut refusée : il se plaignit avec hauteur & traita le Cardinal avec mépris. La crainte qu'il inspiroit étoit une raison de le ménager; mais c'en étoit une aussi de ne pas lui accorder ce qu'il demandoit d'un ton de maître, & ce qui pouvoit servir à augmenter sa puissance. Le Cardinal fit négocier auprès de lui, l'amusa par des espérances, lui accorda le pont de l'arche pour M. de Longueville , gagna avec de l'argent ceux qui avoient du crédit auprès de lui , & parvint à un racommodement platré & qui ne fut pas de longue durée ; mais effrayé de l'ascendant qu'il acqué

rôit chaque jour', & de ſes liaiſons avec les Frondeurs, il crut qu'il étoit de ſon intérêt de le brouiller avec eux. . . . .
. . . . *

Un événement qui fit le plus grand bruit & qui eſt encore un myſtère , acheva de brouiller les frondeurs avec M. le Prince. M. le Cardinal lui donna l'avis qu'il y avoit des gens poſtés par le Duc de Beaufort & le Coadjuteur pour l'aſ-faſſiner ; un des Miniſtres le con-firma. On l'engagea, pour ſçavoir à quoi s'en tenir, d'envoyer ſon caroſſe vers la place Dauphine. Un

---

* Ici ſe trouvent quelques pages déchirées.

coup fût tiré fur la voiture du Prince, & un Laquais qui étoit dedans fut tué à ce qu'on affure. Les uns ont cru que M. le Prince avoit joué cette comédie pour avoir un motif de pourfuivre les Chefs de la Fronde ; les autres que c'étoit une rufe du Cardinal pour oppofer le Prince aux Frondeurs, & les animer à jamais contre lui par le foupçon qu'il jetteroit fur eux. Je ne doute pas que cette interprétation ne foit la véritable, & plufieurs circonftances m'ont donné lieu de le croire dans le tems. On prit trop de foins d'avertir M. le Prince, & les avis vinrent de la Cour. Enfin dans ce tems même, le Coadjuteur agiffoit fourdement pour fe raccommoder avec M. le Prince, & réunir fes Partifans avec les Frondeurs. Il eft impoffible de croire qu'il eut, dans ce même moment, formé une entreprife contre lui. Lorfque le Coadjuteur vit qu'il ne pouvoit réuffir à cette confédération, il joua fon jeu ; il chercha à perdre M. le Prince & à ramener les Frondeurs au parti de la Cour. Il falloit aller au jour la journée dans des circonftances où aucun plan fixe ne pouvoit être fuivi, où aucun Chef n'avoit un but déterminé. Le feul Cardinal favoit ce qu'il vouloit, de l'autorité & de l'argent. Les autres defiroient en général de l'expulfer ; mais ils fe propofoient encore plus de l'em-

barraſſer pour en obtenir des avantages. Lorſqu'on croyoit M. le
Prince en état de les procurer, on ſe
tournoit vers lui, ou pour la Cour,
ſuivant les circonſtances & les frais
qu'elle faiſoit. Pluſieurs s'agitoient
ſans objet, par un beſoin de mouvement, & parce que l'intrigue étoit
du bon air. Quelques grains de vengeance, toujours mêlés à beaucoup
d'intérêts particuliers, étoient la première cauſe du mouvement général.
Tel qui déclamoit avec véhémence
contre Mazarin, auroit fait des vers
à ſa louange pour mille écus de
penſion, un autre pour un Gouvernement, & ainſi juſques au
au premier & au plus acharné des
Frondeurs. M. de Senneterre enten-

dant un jour comparer les troubles de ce tems à ceux de la ligue, levoit les épaules. La Reine qui trouvoit les circonstances très-critiques, lui demanda avec aigreur ce qu'il y avoit à faire, puisque ces troubles lui paroissoient si peu importans, « Refuser tout & à tous, dit M. de » Senneterre. Aucun Prince ne pré- » tend à se faire Roi, à démembrer » la France, à établir une autre Re- » ligion. Les grands intérêts qui » changent la face des États, n'ani- » ment point les esprits : il ne s'agit » que de gouvernemens, de pen- » sions & de tabourets. Que votre » Majesté temporise jusqu'à la ma- » jorité du Roi, qui n'est pas éloi- » gnée ; alors un nouvel ordre de

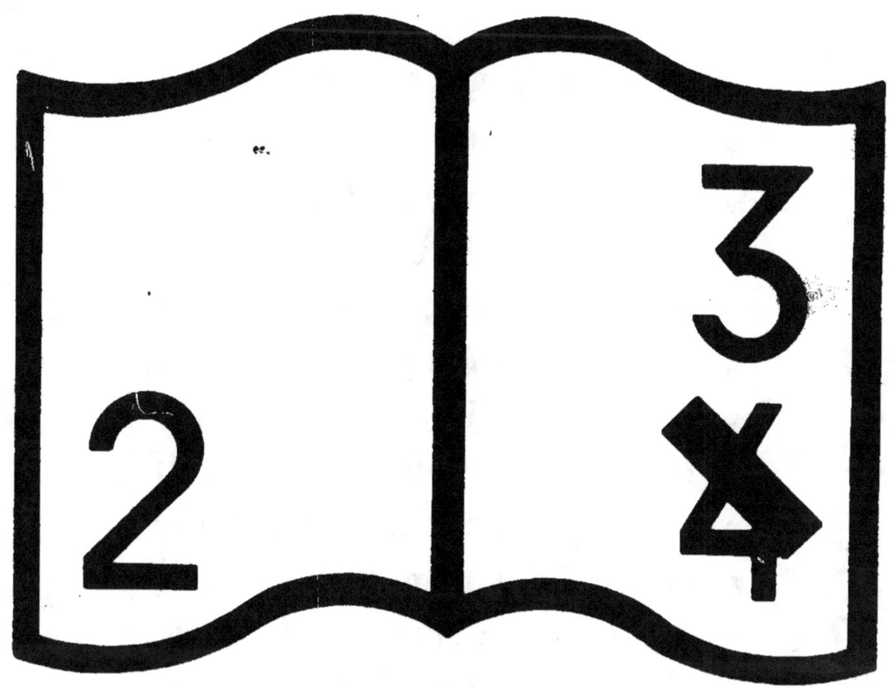

Pagination incorrecte — date incorrecte

NF Z 43-120-12

» chofes peut être établi avec auto-
» rité, & fuivi avec fermeté ; les
» efprits préparés à un changement
» fe foumettront, fur-tout fi l'on
» engage le Roi à parler, & qu'on
» perfuade qu'il a parlé de lui-
» même, & qu'il foutienne fes dif-
» cours par des actes d'autorité.
» Que le Roi raffemble douze mille
» hommes aux environs de Paris,
» & qu'alors, de lui-même, fans
» déférer à aucune propofition, &
» par un fentiment de juftice tem-
» pérée d'indulgence , il rende
» une déclaration portant une am-
» niftie générale pour tous ceux
» qui rentreront dans leurs devoirs
» à une époque fixée, & menace
» de la rigueur des loix les per-

» fonnes de tout rang qui s'expo-
» feront à l'encourir ; qu'il défende
» enfin aux Compagnies de fe mêler
» des affaires de l'État ; je demande
» à Votre Majefté , fi quelqu'un
» ofera entreprendre contre l'auto-
» rité, après une déclaration ren-
» due les premiers jours d'un nou-
» veau règne, & qu'on faura émaner
» du Souverain. Je fuppofe qu'en-
» traîné par l'exemple du paffé, il
» fe trouve quelqu'un d'affez hardi
» pour exciter des troubles ; il faut
» alors ne pas fe borner à le faire
» arrêter, mai. lui faire faire fon
» procès par le Parlement lui-
» même fuivant les loix de l'État.
» Voilà , dit - il , Madame, les
» moyens fimples de vous dégager

» de tout embarras, de rétablir
» l'ordre & la paix. La majorité est
» une époque précieuse pour l'au-
» torité, qu'il ne faut pas laisser
» échapper ; tout dépendra des pre-
» miers momens. On croira avoir
» un nouveau maître, & il le sera
» s'il veut l'être, si les anciens Ac-
» teurs se cachent derrière la toile,
» & ne laissent paroître que le Roi ;
» quelques phrases, ses gestes, ses
» regards feront plus que toutes les
» négociations de M. le Cardinal
» & des Ministres. Vous convien-
» drez que je n'ai pas tort de n'être
» pas alarmé de troubles auxquels
» il est si facile de remédier par des
» voies justes & légitimes. Il se
» peut, j'en conviens, que deux
» ou

» ou trois perſonnes aient le ſort
» du Maréchal de Montmorency.
» C'eſt un malheur, mais il eſt
» préférable mille fois aux troubles
» qui règnent, à l'anarchie, à la
» guerre civile, enfin aux conquêtes
» ſur la France, que nos troubles
» intérieurs peuvent faciliter aux
» Etrangers. »

Je ne pus diſconvenir que M. de
Senneterre n'eût complettement
raiſon, & la Reine fut de même
avis. . . . . *

Une aventure ridicule vint ſe

---

* Ici manquent pluſieurs feuillets.

mêler aux grands intérêts du moment, & fut l'entretien de la Cour, de la Ville, des Provinces, & de l'Europe. Je m'appercevois depuis quelque tems des regards paſſionnés du Marquis de Jerſey, lorſqu'il étoit avec la Reine. Il tomboit dans la rêverie & les diſtractions, il en ſortoit par les empreſſemens les plus marqués, & ſe livroit à des mouvemens de haine contre le Cardinal, qui préſentoient l'idée de la jalouſie. La Reine eut l'air de n'y pas faire attention, & continuoit à le bien traiter. Ses manières de jour en jour devinrent moins difficiles à interprêter, & il fit parvenir à la Reine des lettres qui, ſans contenir des déclarations préciſes, dévoiloient aſſez clairement ſes tendres ſentimens. Madame de Chevreuſe, plus habile que perſonne en amour, s'apperçut bientôt que Jerſey jouoit un rôle, & n'étoit qu'un amoureux de commande. Elle ne tarda pas à ſoupçonner qu'on avoit profité de ſa facilité pour l'engager à faire le paſſionné pour la Reine. L'indiſcrétion d'un Confident vint preſqu'auſſi-tôt changer les ſoupçons en certitude : on fit voir à la Reine des brouillons de lettres qui devoient lui être envoyées par gradation. J'ai ſu à cet égard des détails que j'ai oubliés ; mais je me ſouviens que cette comédie avoit été imaginée à l'Hôtel de Condé ; on croyoit que Jerſey s'inſinueroit aſſez avant dans les bonnes graces de la Reine pour

avoir quelque part dans sa confiance. Jersey, par ce moyen, instruit
des dispositions secrètes de la Reine,
auroit pu être utile au parti de M. le
Prince, en l'avertissant, & en donnant, suivant les circonstances, de
faux avis à la Reine. On se flatta que
s'il obtenoit quelque place dans le
cœur de cette Princesse, M. le Cardinal perdroit quelque chose de son ascendant. Dès que la Reine connut
cette intrigue, sa colère contre Jersey
fut au comble: elle me parla de le
faire jeter par la fenêtre ; & M. de
Senneterre & moi, nous eûmes bien
de la peine à obtenir un moment de
calme pour raisonner & démêler les
principes de la conduite de Jersey. Je
ne prenois aucun intérêt à Jersey,

mais je représentai à la Reine, que ne paroissant ici que comme un instrument qu'on faisoit agir, il étoit au fond moins criminel que ridicule; qu'il ne valoit pas la peine d'un éclat, qui d'ailleurs pouvoit n'être pas sans inconvéniens, & qu'il étoit des moyens plus doux & plus prudens de confondre cette intrigue. J'appuyai mon avis sur plusieurs considérations, qui parurent faire impression; mais la Reine vouloit se venger de Jersey & de M. le Prince; & comment satisfaire son ressentiment, si elle avoit l'air de ne pas s'appercevoir de cet insolent projet? Si elle continuoit à bien traiter Jersey, c'étoit paroître l'encourager dans son extravagance; le Public,

qui en seroit bientôt inftruit, feroit
perfuadé que la Reine fouffroit avec
complaifance fes empreffemens. Il
me vint alors une idée propre à débarraffer la Reine de cette crainte,
& à faire retomber le ridicule fur
Jerfey, fans faire aucun éclat. Il y
avoit auprès d'elle une folle qu'on
appelloit la Reine Marguerite, qui
étoit d'une figure affez agréable;
elle étoit toujours mife à l'antique,
& d'une manière extraordinaire.
Cette folle, dont la Reine s'amufoit,
avoit par fois des reparties très-heu-
reufes, fouvent trop de liberté, &
ne ménageoit perfonne quand elle
croyoit plaire à fa Maîtreffe & entrer dans fes fentimens. Marguerite
fe tenoit ordinairement dans un

petit cabinet attenant la chambre de la Reine, & plufieurs perfonnes entroient chez elle pour s'en divertir. Je propofai à la Reine de lui faire dire d'y attirer Jerfey, & lorfqu'il feroit feul avec elle, de fe mettre à crier comme s'il lui faifoit violence, de fortir en défordre, de venir porter des plaintes à la Reine de l'infolence de Jerfey, d'affaifonner enfin fon récit des circonftances les plus ridicules pour lui. « Jerfey fera, dis-je, à l'inftant l'objet des railleries de la Cour. Vous en plaifanterez comme une autre, & M. le Cardinal lui parlera férieufement fur l'indécence de fa conduite. Tout le monde s'entretiendra de Marguerite, & croira qu'elle a été

le feul objet des empreffemens
amoureux de Jerfey. Il niera ;
mais il n'aura point de preuves à
donner. On ne pourra imaginer
que c'eft une Comédie arrangée ;
car il fera impoffible d'en deviner
le motif, & de fuppofer à cette
folle un intérêt pour inventer une
telle fable. Vous pourrez même,
dis - je à la Reine, au bout de
quelques jours, d'après l'éclat de
cette affaire, & fur les repré-
fentations de M. le Cardinal, in-
terdire le Louvre pour un certain
tems à Jerfey. M. le Prince le fou-
tiendra, & à fa follicitation vous
lui pardonnerez ». Cette petite Comédie auroit produit tout fon effet,
& vengé la Reine par la confufion

de Jersey. Mon projet fut goûté ; mais elle ne put se contenir : dès le soir même elle s'emporta contre Jersey , & le lendemain lui fit une scène, & l'accabla de mépris devant tout ce qui étoit dans son cabinet. « Vous faites l'Amoureux, lui dit-
» elle, M. de Jersey. Voyez le beau
» Galant ! il faudroit vous envoyer
» aux Petites-Maisons. » (a) . . .
. . . . *

LaReine paroissoit depuis quelque tems plus irritée que jamais

____

(a) Madame de Motteville rapporte la chose dans les mêmes termes.

* Ici se trouve une lacune.

des hauteurs de M. le Prince. On ne voyoit point de terme à ſes prétentions & à celles de ſon Parti, & je remarquois qu'elle ſe contraignoit abſolument pour le bien traiter. Les choſes étoient venues au point qu'il ſembloit néceſſaire qu'elle renonçât au Cardinal, ou qu'elle privât les Princes de leur liberté; il paroiſſoit bien plus probable alors, que le Cardinal céderoit à l'orage. Monſieur étoit au fond peu diſpoſé en faveur des Princes; mais les Princes s'en embarraſſoient peu, aſſurés de la Riviere, ſon Favori, qui trahiſſoit ſon Maître, & dont l'intérêt étoit de voir le Cardinal éloigné des affaires. La Riviere ſe flattoit du chapeau qu'il avoit oſé diſputer au

Prince de Conti ; & fe trouvant dans le Confeil, revêtu de cette dignité, il ne défefpéroit pas de remplacer Mazarin. La dignité de Cardinal étoit defirée ardemment par Chateauneuf, par le Coadjuteur & par la Rivière, comme un moyen d'être à la tête des affaires. Le chapeau met hors de pair pour le rang, & la puiffance fémble devoir fuivre le refpect, & devenir le partage de celui qui précède les autres. Je fus pendant quelque tems bien éloignée de foupçonner que le Cardinal osât faire arrêter les Princes, & je crois que les railleries & les manières méprifantes de M. le Prince ont plus contribué encore que la crainte de fa puif-

fance à faire prendre ce parti extrême. Les marques de mépris ont
peut-être caufé plus de révolutions, que les plus injuftes traite-
mens & même la cruauté. Il n'y
a point de haine irréconciliable,
quand l'amour propre n'eft point
bleffé. Le fouvenir des maux s'efface
avec le tems, ou difparoît avec eux;
mais le mépris eft un breuvage
amèr, dont le goût revient fans
ceffe. L'aventure de Jerfey avoit
outré la Reine jufqu'à la fureur
contre M. le Prince. Les Frondeurs
attifoient ce feu déja très-violent,
& le Coadjuteur étoit bien loin de
chercher à l'éteindre. Ennemi de
M. le Prince, & encore plus ami
des partis d'éclat, des moyens ex-

trêmes ; il avoit concerté avec Madame de Chevreuſe le projet d'arrêter les Princes. L'affection de la Reine pour le Cardinal Mazarin, étoit dans ce tems-là plus vive peut-être que jamais. L'idée de s'en ſéparer ne pouvoit entrer dans ſon eſprit, & elle ſentoit que la conſervation de ſon Miniſtre étoit incompatible avec l'aſcendant que s'étoit arrogé M. le Prince. Si elle avoit pu réſoudre ſon cœur à un auſſi grand ſacrifice, on auroit bientôt exigé l'abandon des Sous-Miniſtres ; & M. le Prince, après avoir chaſſé le Conſeil, l'auroit compoſé à ſon gré, il ſeroit devenu Régent par le fait. L'intérêt de l'autorité ſe trouvoit donc fortifier celui que la Reine prenoit au Cardinal. Le reſſentiment de M. de Noirmoutier contre M. le Prince, celui de M. de Laigues, Amant de Mademoiselle de Chevreuse, les portoit à concevoir les plus violens projets, & à les propofer fuivant que les circonftances leur paroiffoient favorables à l'exécution. La haine, la politique, la vengeance, & une foule d'intérêts particuliers concouroient à faire prendre le parti d'arrêter les Princes. Le fecret fut gardé par un affez grand nombre de perfonnes, & le myftère qu'on en fit à la Riviere annonça qu'il avoit perdu toute confiance, & fut le prélude de fa prompte difgrace. Madame de Longueville étoit chez moi, lorfqu'un Gentilhomme de M. le

Prince de Conti accourut hors d'haleine, l'avertir que les Princes étoient arrêtés. Elle jeta un grand cri, & s'évanouit. Tout ce qui étoit dans la chambre parut confterné. On s'agitoit, on demandoit les circonftances, on élevoit des doutes, on raifonnoit fur les caufes, & l'on s'attendoit à des fuites terribles. L'abattement, les projets de vengeance dominoient tour-à-tour les efprits ; mais on ne fongeoit pas à prendre de parti. Le tems preffoit cependant, & je ne doutois pas qu'il n'y eût bientôt des ordres pour arrêter Madame de Longueville. M. de la Rochefoucault arriva dans le moment où elle commençoit à reprendre l'ufage de fes fens. Des pleurs, des fanglots, des déclamations contre la Reine, des imprécations contre le Cardinal, fervirent comme d'iffue à fa douleur. M. de la Rochefoucault lui remontra qu'elle perdoit un tems précieux, & qu'il couroit lui-même de grands dangers. Chaque perfonne qui arrivoit, redoubloit les terreurs par fes récits, & on craignoit de voir inveftir ma maifon. Ce ne fut pas fans peine, que nous déterminâmes Madame de Longueville à penfer à fa fûreté. Elle fut plutôt portée, que conduite dans fa voiture. Je l'accompagnai jufqu'à une petite maifon du Fauxbourg Saint-Germain, où elle pouvoit fe dérober aux recherches, jufqu'au moment

moment où le calme de son esprit lui permettroit de s'occuper de sa situation, & de pourvoir à sa sûreté. Son entrevue avec M. de la Rochefoucault, qu'elle devoit quitter dans peu, fut très-touchante : il n'a jamais passé pour avoir le cœur sensible ; mais soit que sa passion pour Madame de Longueville fût plus sincère & plus vive qu'on ne l'a cru, soit que le trouble extrême, causé par l'évènement, eût disposé son ame à la tendresse, on ne peut rien se figurer de plus attendrissant que leurs discours en ce moment. Il est des situations où toutes bienséances sont oubliées ; & tous deux, occupés de leurs sentimens, ne songeoient nullement aux témoins qui les entouroient.

K

M. de la Rochefoucault s'expofa, pour la mettre en sûreté, à beaucoup de dangers, en la conduifant avec une efcorte confidérable jufqu'en Normandie : ils ne furent manqués, à leur départ, que d'un quart d'heure; & pourfuivis fur la route, ils n'échappèrent aux Gardes envoyés par la Reine, que par un hafard miraculeux.

J'avois des liaifons affez étroites avec Madame de Longueville, & avec M. le Prince, & l'intérêt qu'excite la difgrace d'un homme plus éclatant encore par fon mérite & fes qualités que par fon rang, m'avoit infpiré un grand defir de le fervir. Je voyois d'ailleurs que fa détention n'avoit point remédié aux désordres, que l'esprit de faction régnoit également dans toutes les classes, & que l'autorité n'étoit pas plus respectée. Il y avoit dans toute la personne du Cardinal Mazarin quelque chose d'incompatible avec la considération publique ; cette espèce de mépris qu'il inspiroit, & qui avoit sa source dans l'absence des qualités de l'ame & dans l'avidité qui le caractérisoit, a contribué beaucoup aux désordres.... J'employai toute mon industrie à bien instruire M. le Prince de ce qui se passoit journellement ; j'allai jusqu'à lui suggérer des moyens de briser ses liens. Sa Famille & ses Partisans n'épargnoient pas l'argent, & l'idée de fa gloire & de fa grandeur opéroit encore plus peut-être fur des Agens fubalternes que l'intérêt. Je fis parvenir des billets dans des écus creux. Le Cuifinier du Gouverneur de Vincennes fut gagné ; on mettoit des lettres dans des lièvres & des poulets : enfin, ce qu'on aura peine à croire , je lui fis tenir des épées & des piftolets ; on les inféroit dans des bûches qu'on avoit foin de marquer d'une croix imperceptible à d'autres yeux. Je me flattai deux fois, qu'au moyen des gens qu'on avoit corrompus & des armes dont les Princes étoient en poffeffion „ ils pourroient s'évader : leur tranflation s'y oppofa & déconcerta toutes nos mefures. Je

fentis alors qu'il falloit abandonner
ces voies incertaines de falut, & les
faire fortir par la volonté de la
Cour. Je repréfentai au Cardinal
qu'il étoit de fon intérêt de leur
donner la liberté ; que M. le Prince
oppofé, comme il l'étoit, aux Frondeurs, deviendroit pendant quelque tems un appui pour lui ; &
qu'il étoit plus facile & moins
dangereux d'accorder quelques graces à des Princes, que de fe laiffer
maîtrifer par un parti compofé de
perfonnes avides & ambitieufes,
dont tous les tréfors & les dignités
de l'État ne pourroient fatisfaire les
defirs. Ces confidérations & mes
inftances n'eurent aucun fuceès ;
c'eft alors que je formai un projet,

dont l'exécution sembloit offrir d'in-
surmontables difficultés : il ne s'agiffoit de rien moins que de réunir tous
les partis en faveur des Princes.

Lorfque je fis part de mon plan
à quelques perfonnes sûres , le
Coadjuteur fut le feul qui m'entendit & qui démêla la différence
de l'extraordinaire & de l'impoffible ; je me fouviens que je lui dis
ces propres paroles :

« Vous avez mis M. le Prince
» en prifon , il doit être votre irré-
» conciliable ennemi ; vous avez
» fervi la Reine avec loyauté & effi-
» cacité , & il femble qu'elle doive
» en avoir de la reconnoiffance :

» mais foyez sûr que M. le Prince
» n'eft point animé contre vous, il
» fent que vous avez joué votre jeu,
» & vous regarde comme un Gé-
» néral ennemi qui a profité de fa
» pofition ; la Reine, au contraire,
» ne vous pardonne pas, dans le
» fond de l'ame, de vous être arrogé
» une puiffance à laquelle elle a
» été forcée de recourir ; multipliez
» vos fervices, & elle vous haïra
» d'autant plus qu'elle vous fera
» plus obligée. Si vous contribuez
» à la liberté de M. le Prince,
» il oubliera le paffé ; il ne peut fe
» diffimuler qu'il vous a forcé à
» ne rien ménager avec lui, &
» il vous faura gré de votre géné-
» rofité ; on applaudira à votre

K iv

» habileté dont il aura profité ;
» vous n'êtes point son sujet , &
» votre puissance ne lui portant
» point d'ombrage, il ne sera point
» effrayé des services que vous au-
» rez été à portée de lui rendre.
» C'est une singulière position que
» d'avoir à craindre ceux qu'on
» sert , & de n'attendre de recon-
» noissance que de ceux qu'on a
» persécutés ; c'est la vôtre : réflé-
» chissez-y ».

Le Coadjuteur se rendit à mes raisons. Je lui ajoutai qu'il étoit également essentiel pour lui d'obtenir le chapeau de Cardinal ; que cette dignité importoit à sa considération & à sa sûreté : enfin je lui

offris la nomination de ma sœur
Marie, Reine de Pologne. Le Coadjuteur se laissa en quelque sorte conduire par mes avis dans cette grande
affaire de la liberté des Princes.
Il fallut tromper presque tous les
partis pour les amener au même
but. Il étoit sur-tout important que
la Cour n'eût pas le plus léger
soupçon que les Frondeurs agis-
soient pour la liberté des Princes.
On prenoit à chaque instant le
change sur le but des démarches des
différens partis. Les uns croyoient
qu'on ne vouloit que chasser le Cardinal, & d'autres mettre les Princes
en liberté. Il falloit, suivant les dispositions, montrer seulement l'une
des deux perspectives.

J'étois en couche dans le plus fort de ces négociations, & ne pouvant sortir de quelque tems, j'étois fort inquiète par la crainte de voir se rencontrer chez moi des personnes opposées, & qui toutes vouloient avoir l'honneur du succès. Ma négociation auroit été contrariée, si elles avoient été instruites de la part que chacune d'elles pouvoit y avoir : ce n'est pas la seule occasion où j'aie éprouvé que les ménagemens de l'amour propre, les intérêts de la vanité, donnent plus de peines dans les affaires que la conciliation des plus grands intérêts. Madame de Rhodes, dont l'ardeur pour l'intrigue étoit inépuisable, ne s'oublioit pas au milieu de tant de mouvemens ; elle négocioit à droite & à gauche, avoit des chiffres de tous les gens accrédités dans les divers partis ; elle couroit jour & nuit, & il eft inconcevable qu'elle pût fuffire à fes rendez-vous & fes écritures. Sa manie de négocier & de fe déguifer me jeta un jour dans un embarras fort bizarre & qui vous paroîtra plaifant. Elle vint un foir me trouver, déguifée en Auguftin, afin d'éviter que le Garde des Sceaux, qui avoit des préven-tions contre moi, fût inftruit de notre entretien. Pour me parler plus à fon aife & plus bas, elle fe mit à genoux auprès de mon lit. Une de mes femmes, abfente de l'Hôtel

depuis quelques heures, & qui venoit de rentrer, s'imagina que j'avois
fonné, & s'empreffa d'entrer dans
ma chambre. L'attitude de Madame
de Rhodes & des paroles pronon-
cées à voix baffe qu'elle n'entendit
pas, frappèrent, non fans raifon, fon
imagination. Comme les révolutions font promptes & dangereufes
dans l'état où j'étois, la frayeur
s'empara de fon efprit ; elle s'imagina qu'un accident imprévu m'a-
voit fait tourner en peu de tems à
la mort, & qu'on avoit envoyé
chercher mon Confeffeur. Elle
crut avoir entendu réciter les prières
des agonifans, & fe mit à fondre
en larmes & à crier. L'allarme fut
bientôt parmi mes Domeftiques.

Mademoiselle d'Averjean, qui demeuroit près de moi en qualité de Demoiselle de Compagnie, fille fort dévote, entra la première, & frappée de la même terreur, se jeta à genoux & se mit à réciter des prières. Bientôt après mes Femmes, mes Gentilshommes, mes Pages remplirent ma chambre de leurs gémissemens. Madame de Rhodes étoit prête à se trouver mal d'inquiétude & de crainte d'être reconnue ; elle se cachoit sous mes rideaux & mettoit son mouchoir sur son visage. Malgré l'embarras où j'étois, je ne pouvois m'empêcher de rire aux éclats. Quand je voulus parler, il me fut impossible de me faire entendre ; on croyoit que les ris qui interrompoient mes paroles étoient l'effet du tranfport ou des couvulfions, & les fanglots redoublèrent. Enfin, j'appellai un homme de confiance & je parvins, non fans peine, à lui perfuader que je me portois fort bien, & que le Religieux qu'il voyoit auprès de mon lit, avoit defiré me parler en particulier pour une reftitution confidérable. Je lui ordonnai de le reconduire jufqu'à un caroffe de louage, où il étoit attendu par un Frère qui l'avoit accompagné, & qui étoit l'Amant favorifé de Madame de Rhodes, tandis que le Garde des Sceaux n'étoit que l'Amant utile pour les grandes affaires dans lefquelles elle étoit fi empreffée de figurer. Comme il étoit presque nuit, Madame de Rhodes sortit sans être reconnue, son mouchoir toujours sur la bouche. La nouvelle de ma fin prochaine & même de ma mort se répandit le soir dans tout Paris, & deux cents personnes vinrent pour s'en informer mystérieusement. Beaucoup se persuadèrent, lorsqu'on dit que j'étois très-bien, qu'on cachoit mon état ; ce ne fut qu'en me montrant au Coadjuteur & à M. de Beaufort, que je vins à bout de détruire une nouvelle dont le fondement étoit si ridicule.

Le Duc de la Rochefoucault étoit dans le même tems caché chez moi ; il s'étoit rendu à Paris pour négocier avec le Cardinal, & ses sentimens étoient conformes aux miens. Il desiroit que la liberté des Princes fût l'effet de la détermination volontaire de la Cour. A la haine qu'il avoit pour le Coadjuteur & les Frondeurs, se joignoient des idées de gloire & d'intérêt. Il sentoit qu'il pouvoit tout attendre de la Cour, si la liberté des Princes & leur réconciliation avec la Reine étoient son ouvrage. Ses négociations furent sans fruit ; le Cardinal l'amusa quelque tems, & ne lui donna que des espérances éloignées & incertaines.

Au milieu de tant d'intérêts qui

se croisoient, il étoit bien difficile
de servir efficacement les Princes.
Chacun ne cherchoit que son propre avantage, & aimoit mieux les
laisser dix ans en prison, que de les
faire sortir pour fortifier le parti
contraire. Chacun aussi vouloit leur
liberté à sa manière. Le premier
Président, ennemi des partis violens
& de la guerre civile, inflexible
dans ses principes, attaché aux formes, desiroit sincèrement les servir,
mais par les voies judiciaires. Le
Coadjuteur qui étoit entré dans mon
projet avec ardeur, étoit dans des
sentimens absolument opposés. Il
vouloit perdre à jamais le Cardinal
Mazarin par le retour triomphant
des Princes, & s'embarrassoit peu

L

de leurs personnes. Tromper la Cour, l'embarrasser dans ses propres finesses, s'attacher à jamais M. le Prince par le service qu'il lui auroit rendu, attirer vers lui tous les partis, ravir de vive force le chapeau, marier sa Maîtresse à un Prince du Sang : voilà ce que se proposoit le Coadjuteur enivré de toutes les passions, en proie à la haine, à l'amour & à la vanité. Monsieur qui ne pouvoit rien être d'une manière absolue, manqua en partie au secret. Il fit confidence des démarches que faisoient les Frondeurs auprès des Partisans de M. le Prince. Je lui représentai vivement les suites de cette indiscrétion ; mais il me fit valoir le secret qu'il avoit gardé sur ses négociations, avec le parti des Princes, par le moyen des Frondeurs. Il s'admiroit de cette discrétion, & je ne pus m'empêcher de dire au Coadjuteur : « le poids étoit trop grand pour Monsieur, & il est soulagé un peu de s'être débarrassé de la moitié du secret. » Il fallut remédier à cette imprudence, en arrêter les suites. Je ne pus en venir à bout, qu'en faisant parvenir sous le secret au premier Président, que Monsieur se moquoit du Maréchal de Grammont & lui faisoit de fausses confidences.

On fit chez moi un projet de requête au Parlement au nom de Madame la Princesse. Elle fut

préfentée quelques jours après, &
cette démarche, qui fut accueillie
au Parlement, embarraffa la Cour.
Je me trouvai dans cette circonftance l'arbitre en · quelque forte
de tous les intérêts , par la confiance de tous les partis ; il fembloit
que je tenois par un fil tous les
efprits, & que je les faifois mouvoir
à mon gré. J'infpirois au Parlement un avis ou des remontrances,
& je dictois la réponfe de la Cour.
J'arrêtois ou laiffois agir la fougue
du Coadjuteur. Enfin, je trouvois
moyen de vaincre la pareffe de
Monfieur , & de fixer fes irréfolu-
tions.

Il eut quelque velléité d'aller au

Parlement, & plusieurs personnes pensoient que cela feroit un merveilleux effet. Je dis à M. de Rhodez & à Mademoiselle de Chevreuse d'ouvrir cet avis, qui ne manqueroit pas de lui déplaire, & que je m'y opposerois. « En voici, leur ajoutai-je, les raisons. Si Monsieur alloit au Parlement en ce moment, où les esprits ne font pas encore assez échauffés, son intervention ne feroit pas décisive, & il est à craindre que la Reine voyant grossir la nuée par la présence toujours imposante de la seconde personne de l'État, ne prenne aussi-tôt le parti d'emmener le Roi de la Capitale, & Monsieur qui ne feroit pas encore assez avancé, ne pourroit se dispenser de la suivre. Réservons

L iij

Monfieur pour le moment où le Parlement fera plus animé, où il aura
fait des démarches qui auront encore
plus irrité la Cour. Alors qu'il fe
préfente au Parlement; il y fera regardé comme un Ange tutélaire:
la préfence du Lieutenant-Général
de l'État canonifera tout ce qui aura
été fait, & enhardira les efprits à ne
plus rien ménager; Monfieur fe
trouvera trop engagé avec le Parlement, dont il aura approuvé toutes
les démarches; les chofes lui paroî-
tront trop avancées pour reculer,
il ne fuivra pas le Roi, & la Reine
n'ofera quitter Paris fans lui: ce
feroit une trop grande imprudence
à elle de laiffer l'Oncle du Roi au
milieu de fes Ennemis, tandis que

les Princes font en prifon, & qu'elle fera privée aux yeux du Peuple, & des Corps, de tous les appuis naturels du Trône. » Monfieur fut effrayé dès qu'on lui parla d'aller au Parlement; il fe tourna vers moi, & je dis que ce n'étoit pas mon avis. Il refpira dès qu'il m'eut entendu parler ainfi. J'infiftai fur ce qu'il falloit réferver la préfence de Monfieur pour un moment décifif. La chaleur du Parlement ne peut aller qu'en augmentant, ajoutai-je; il faut la fomenter, & lorfque Monfieur paroîtra, & fe joindra à lui, la Cour qui aura toujours confervé quelque efpérance jufqu'à la décifion de Monfieur, fera obligée de céder. Comme la liberté des Princes aura été emportée en ce moment, ce sera à lui qu'ils s'en trouveront redevables, ce qui sera dans la vérité, ainsi que dans l'ordre.

Monsieur ne tarissoit pas sur les louanges qu'il donnoit à mon habileté & à la vivacité de ma pénétration, qui, selon lui, approchoit de la prophétie. C'étoit moins, comme vous pouvez penser, parce que mon avis étoit bon, que parce qu'il favorisoit son inaction.

Je n'avois pas peu d'embarras à faire marcher de front en quelque forte des intérêts opposés ; la liberté des Princes étoit le but auquel je tendois invariablement, & ce ne fut qu'au moyen de traités particuliers, qu'il fut possible d'y parvenir.

Madame de Montbazon me servit beaucoup; j'avois balancé sur l'appas que je lui préfenterois; les intérêts du Duc de Beaufort la touchoient médiocrement, elle étoit bien sûre de le gouverner, quelque parti qu'il prît: elle avoit sur lui un afcendant abfolu; il s'honoroit de la repréfentation de fon Amant, peu difpofé par fa nature à s'affurer de la réalité. Je lui offris plufieurs avantages & hafardai même de parler du mariage de fa Fille avec le Prince de Conti. Elle me demanda tout bonnement de l'argent, & nous convînmes qu'elle auroit cent mille écus, au

moment de la liberté des Princes.
Madame de Rhodes ne fut pas moins
solide dans ses propositions : elle
exigea cent mille francs, & un
gouvernement pour son Amant.
Madame de Chevreuse eut la pro-
messe de faire épouser sa Fille à M. le
Prince de Conti. Je vous observerai
que quelques personnes se récrièrent
contre l'idée de ce mariage ; jamais,
me dirent-elles, M. le Prince de
Conti & sa Famille ne consentiront
à ce qu'il épouse une Fille qui est
en commerce réglé & public, avec
le Coadjuteur. Vous ne connoissez
pas, leur dis-je, l'esprit de parti ; il
a ceci de particulier, c'est d'épurer
les actions équivoques, & de couvrir
toutes les fautes du voile de l'indul-

gence; je vous garantis que si le mariage manque, ce ne sera pas à cause de la conduite de Mademoiselle de Chevreuse.

Il va sans dire que le chapeau fût assuré par le concours de tous les partis au Coadjuteur. Enfin, Monsieur avoit pour son partage la charge de Connétable.

Peu de tems avant que tout fût arrêté & conclu entre les Frondeurs, je crus devoir faire encore une tentative auprès du Cardinal Mazarin; je lui fis parler par Bertet, qui fut à peine écouté; enfin, je le vis & ne négligeai rien pour le déterminer; je finis, en le quittant, par lui dire : il ne tient encore qu'à vous de vous faire un mérite de la liberté des Princes, à laquelle vous ferez forcé dans peu; je ne puis vous parler qu'avec l'obfcurité des oracles, mais il n'y en eut jamais d'auffi certain; les Princes fortiront de prifon, & vous de la Cour. Il fut un inftant frappé de ces paroles; il plaifanta enfuite fur le ton prophétique de ma converfation, & nous nous féparâmes fans avoir rien conclu. Peu de jours après il réfléchit fans doute à mes inftances répétées, au ton de conviction qui règnoit dans mes confeils, auxquels l'opinion de ma fincérité donnoit du poids dans fon efprit. Sans pouvoir rien pénétrer, il fut porté à croire, en général, qu'il y avoit des menées fourdes dont j'étois inftruite, qui pouvoient lui être nuifibles. Bertet vint me trouver de fa part, pour me prier d'employer toute mon influence à retarder de quelque tems l'effet de mes prophéties. Je lui donnai des affurances de paix, mais pour un terme court. Je connus bientôt qu'il n'avoit cherché qu'à éloigner le danger, s'il exiftoit, pour fe donner le tems d'en découvrir la réalité; il perfifta dans fon oppofition à la liberté des Princes, & je preffai l'exécution de mon projet par la voie des Frondeurs.

Je parvins à faire figner quatre

traités. Maîtreffe de faire prendre à M. le Prince, pour fortir de prifon, tous les engagemens que j'aurois voulu, il me fembla de la juftice de lui laiffer une liberté entière ; je m'en rapportai à fa générofité, à fa reconnoiffance, & le laiffai libre en fortant de prifon, de fe décider, & fuivant fes intérêts, & fuivant fes fentimens. Ce que l'équité me dicta n'étoit contraire aux intérêts d'aucun parti. Des promeffes extorquées ne peuvent lier perfonne, & M. le Prince moins que tout autre, parce que je n'ai vu perfonne dont l'efprit & le caractère fuffent plus indépendans. Le mariage de Mademoifelle de Chevreufe fut excepté, mais M. le Prince étoit le maître

de rompre, lorfqu'il feroit en liberté. . . . . *

La Reine dans la détreffe, &
j'ofe dire l'humiliation où elle fe
trouva. . . . . ** confiance
qu'en M. de Senneterre. C'étoit un
homme que i'étude des anciens
Auteurs, fes réflexions, l'expérience, une fagacité rare rendoient
capable de gouverner un Etat. Mais
une profonde indifférence pour le
bien & pour le mal, fon goût ardent pour les plaifirs dans l'âge le
plus avancé, un grand mépris pour
les hommes, une pareffe incurable

---

* Ici fe trouve une lacune.
** Il y a ici quatre ou cinq lignes effacées.

ne laiſſoient d'emploi à ſes facultés
que. pour le Conſeil : il ne ſuivoit
rien, il étoit incapable de rien conduire ; mais ſon coup-d'œil ſupérieur démêloit tous les intérêts, lui
faiſoit connoître ce que les paſſions,
l'eſprit & le caractère de chacun
mettroient d'obſtacle ou de facilité
dans les affaires. Son arme favorite
étoit le mépris, & il étoit perſuadé
que la plûpart des choſes s'évanouiſ-
ſoient d'elles - mêmes, en ne leur
donnant pas de corps par l'oppoſi-
tion. Je me ſuis toujours trouvé
mieux, me diſoit-il, d'une cuiraſſe
de taffetas piqué, que de celle de
fer. . . . . *

---

* Pluſieurs pages manquent ici.

étonnantes

étonnantes de ce tems, que de voir un Prince du Sang rechercher une Fille qui paſſoit pour être la Maîtreſſe d'un Prêtre. La Reine, dans les circonſtances critiques, avoit recours à elle pour déterminer ce Prélat, qui ne ſe défendoit nullement de ſes liaiſons intimes, que la Ducheſſe de Chevreuſe favoriſoit, avouoit elle-même. Je vous ajouterai, pour finir ce qui la concerne, quelque choſe de plus étrange. La Deſtinée avoit voué cette Princeſſe au Clergé : après le Cardinal de Retz, elle a aimé encore plus vivement l'Abbé Fouquet, & la paſſion a emporté une Princeſſe de Lorraine, jeune, belle, riche, au point de vouloir lui appartenir en légitimes nœuds.

M

J'ai souvent remarqué que les factions font comme le gros jeu &
comme tous les grands intérêts, qui
font difparoître les diftances, & met-
tent tout de niveau dans les momens
de befoin & d'enthoufiafme. J'ai
conféré dans la plus grande intimité
dans ces momens de trouble, j'ai
parlé avec les plus grands égards,
& fans croire rien faire d'extraordinaire, à des hommes auxquels,
dans des tems plus calmes, je ne par-
lerois que dans mon antichambre.
Ne vous êtes-vous jamais trouvée
auprès d'une perfonne bien malade,
& dont la vie eft chère à tout ce qui
l'entoure ? Dans cette fituation, une
feule penfée occupe tous les efprits,
& rend égales toutes les perfonnes

que le même intérêt anime, ou qui
font utiles ; on traite avec la plus
grande familiarité le Chirurgien, la
Garde, les Valets empreffés : il en
eft de même de l'efprit de parti, le
premier des rapprochemens eft d'entrer dans nos fentimens.

Le gain de la bataille de Rhétel
enfla le courage du Cardinal Mazarin ; mais ce triomphe fut de courte
durée. Il étoit bien éloigné de foupçonner la poffibilité de la réunion
des partis en faveur des Princes, &
fe croyoit au-deffus de toute crainte.
Je fis vainement, comme je vous l'ai
dit, plufieurs tentatives pour l'é-
clairer, fans compromettre le fecret
des perfonnes qui concouroient par

divers motifs à ce grand événement.
Les mesures furent prises avec tant
de secret, la haine des Frondeurs
étoit si déclarée contre les Princes,
que le Cardinal ne put rien démêler
de leurs nouvelles dispositions. On
souffloit le feu de toute part contre
lui, il ne put résister à la conspira-
tion universelle, & fut obligé de
sortir de Paris. Il sentit alors combien mes avis étoient fondés, & que,
mieux que lui, j'avois connu sa position. Son premier soin, en arrivant
à Saint-Germain, fut de m'écrire.
« J'ai eu, me disoit-il grand tort
» de ne pas ajoûter foi à vos pré-
» dictions : vous devez être satis-
» faite ; les Princes seront en liberté
» dans vingt - quatre heures : c'est

» votre ouvrage ; fi je vous avois
» crue, ils n'en auroient pas obliga-
» tion à mes Ennemis. Vous n'ai-
» mez pas les Frondeurs, vous les
» avez fait concourir à votre but,
» comme on fait entrer des poifons
» dans un remède falutaire. A pré-
» fent, vous êtes libre de fuivre
» votre penchant pour la Reine,
» qui n'eft point fâchée contre
» vous. » Il m'exhortoit à m'y attacher entièrement, & c'étoit mon
deffein.

Bientôt après, les Princes furent
mis en liberté. On s'attendoit aux
plus grandes révolutions, à l'arrivée de M. le Prince ; la Reine
étoit irritée & confternée ; il eft

certain qu'il pouvoit tout entreprendre.

M. de Senneterre qui étoit, à juſte
titre, la lumière de la Cour, vint
me voir la veille de l'arrivée des
Princes ; il ne put me cacher ſon
effroi. « Je ne ſerois point ſurpris,
me dit-il, de voir M. le Prince Régent avec Monſieur dans trois jours.
Il a pour lui la Ville, le Parlement,
& tous les partis ſont réunis en ſa
faveur. Il n'y a plus de fronde,
elle eſt fondue dans le parti de
M. le Prince. Le Miniſtre eſt en
fuite, la Reine eſt ſans appui & ſans
conſeil. »

» Tout cela eſt vrai, lui dis-je,

mais il arrive presque toujours que les hommes manquent les momens décisifs. Si M. le Prince, le jour de son arrivée, ne fait pas quelque chose de marqué, qui porte au dernier degré l'opinion de sa puissance, il ne sera plus tems le lendemain. Voici ce qui arrivera suivant mes conjectures. Trop heureux de sortir de prison, il n'a travaillé que pour sa liberté, il n'a pas fait de plan au-delà. Il peut tout entreprendre, j'en conviens ; mais il ne connoît pas ses forces, il ignore la crainte qui règne dans tous les esprits : dans deux jours on sera familiarisé avec lui, l'enthousiasme sera dissipé, la crainte calmée. Sa puissance est dans l'opinion : il n'en profitera pas.

M iv

M. le Prince déteste la guerre civile ;
les négociations l'ennuient ; il est
habitué à ménager la Cour : la plus
légère faveur, au sortir de la prison,
le tiendra en suspens, & lui fera
craindre de sacrifier des avantages
certains à des projets chimériques,
qui le feroient dépendre d'une
multitude de gens qu'il hait ou
méprise. »

Je ne doute pas que M. de Senneterre, qui fut frappé de mes conjectures, n'ait rendu aussi-tôt notre
conversation à la Reine.

Ce que j'avois prévu arriva. Le
Garde-des-Sceaux fut sacrifié à la
haine de M. le Prince, & il ne tarda

pas à s'attacher à la Cour. Il avoit eu l'air d'abord de vouloir exécuter avec une exacte fidélité son engagement envers Madame de Chevreuse; & la certitude de faire quelque chose de désagréable à la Cour, le portoit à ne pas s'en écarter. Soit passion pour la Princesse, soit desir de se procurer l'appui d'un grand parti, M. le Prince de Conti souhaitoit vivement de voir terminer alors cette affaire . . . .

. . . . *

Le Cardinal qui n'avoit jamais cru que la chose dût avoir lieu, entra dans la plus grande colère contre

---

* Ici manquent deux pages.

Madame de Chevreuse, qu'il accufa
d'avoir trompé la Reine. Il s'emporta
au point de dire, devant plufieurs
perfonnes, qu'il ne croiroit de fa
vie aux paroles d'une femme galante;
& il fe fervit d'un terme plus éner-
gique. Si la Cour étoit alarmée de
cette alliance, Madame de Longueville l'étoit encore plus. Son amour
propre étoit d'avance tourmenté par
la perfpective de la rivalité d'une
perfonne plus belle & plus jeune,
devenue fupérieure à elle par le rang,
comme elle l'étoit par tous les avantages de la figure. Elle ne négligea
rien pour faire rompre ce mariage;
elle fit jeter l'alarme dans l'efprit de
la Reine & du Cardinal, par des
perfonnes qui leur étoient dévouées,

fur le danger d'unir étroitement avec la Maifon de Condé une femme auffi intrigante & artificieufe que la Duchefle de Chevreufe. Madame de Longueville repréfenta que M. le Prince de Conti, qui faifoit peu d'effet, mais qui enfin étoit Prince du Sang, étayé de tous les entours de Madame de Chevreufe, de l'efprit de la mère, de l'afcendant que la beauté donneroit à fa fille, acqué-reroit un grand crédit; qu'il faudroit compter avec lui; en un mot, que c'étoit un zéro auquel le parti de Madame de Chevreufe ajoutoit des chiffres qui lui donneroient de la valeur. La Reine & le Cardinal étoient déja irrités & inquiets. On fit agir auprès de M. le Prince, & les promeſſes des plus grands avantages furent prodiguées, afin de l'engager à s'oppoſer à cette alliance : c'eſt ce qu'il fit avec éclat, & même indécence, ne s'étant pas donné la peine d'en parler lui-même à Madame de Chevreuſe. Le Préſident Viole fut chargé de cette commiſſion, & les ordres de la Reine furent les motifs qu'on mit en avant. La conduite de M. le Prince fut d'autant plus choquante, qu'il n'avoit tenu qu'à lui de rompre avec plus de ménagement. Madame de Chevreuſe lui avoit repréſenté peu de tems après qu'il fut en liberté, qu'elle ne le croyoit pas engagé par des promeſſes faites pendant ſa priſon, & avoit offert de lui remettre ſa parole.

Comme il defiroit en ce moment faire de ce mariage un épouventail pour la Cour, il n'avoit pas voulu renoncer à fes engagemens. Le Coadjuteur connut alors combien peu il devoit fe fier à la reconnoif-fance de M. le Prince, & tout habi-tuée que j'étois à la légèreté & à l'in-gratitude des hommes, je vous avoue que je fus furprife de la conduite de M. le Prince après fa prifon.

Le Coadjuteur me demanda un foir un entretien avec un grand myftère. Je me rendis en carroffe de louage dans un appartement d'un couvent, où il arriva dans l'ajuftement le plus ridicule pour un Archevêque. Son chapeau étoit

couvert de plumes ; il avoit un
jufte - au - corps vert & or, une
petite oie incarnat. Vous ne pouvez vous figurer quel air il avoit
ainfi paré, avec la figure & la taille
que vous lui avez connue. Je le
vis tranfporté de rage de la conduite
de M. le Prince avec Mademoifelle
de Chevreufe. « La manière dont il
a rompu ce mariage eft un outrage,
me dit-il ; » & il faut convenir qu'il
avoit raifon, & qu'on n'ufa jamais
de moins de ménagemens. Remarquez, je vous prie, qu'on n'imagina pas de mettre en avant le motif
de la conduite de Mademoifelle de
Chevreufe, qu'il eût été difficile de
réfuter. Le Coadjuteur jura qu'il
s'en repentiroit, & il a tenu parole

autant qu'il a dépendu de lui. « Je
» suis surprise & choquée du pro-
» cédé de M. le Prince, lui dis-je,
» & d'autant plus que c'est moi qui
» ai donné l'idée de ce mariage, &
» que Mademoiselle de Chevreuse
» est ma parente. Je crois fortement
» que c'est la Reine qui a fait agir
» auprès de lui, pour le déterminer
» à cette rupture, & le brouiller
» avec une partie de la fronde...*
» C'est un grand avantage pour la
» Cour, & auquel rien ne peut
» être comparé, que la disposition
» de fonds considérables. On espère
» dans un parti; mais avec la Cour

---

* Il y a ici plusieurs lignes d'effacées.

» on eſt payé comptant ». Je lui faiſois cette obſervation , parce que j'étois inſtruite que le Marquis de la Boulaye trahiſſoit ſon parti, gagné par les bienfaits de la Cour; il ſe livroit de tems en tems à des extravagances qui ne lui tournoient jamais à mal , & il faiſoit une grande dépenſe : je me doutai d'après l'excès même de ſon zèle, que ſes témérités étoient concertées, & avoient pour objet d'écarter tous les ſoupçons. Nous eûmes un entretien fort long ſur l'état des affaires , & nous convînmes de nous unir pour deux objets importans à tous deux : le chapeau pour lui , & la ſur-intendance pour M. de la Vieuville. Je n'avois que des

idées

idées vagues fur un projet que je ne tardai pas à exécuter, & je ne crus pas devoir m'en ouvrir en ce moment avec le Coadjuteur. . . .
. . . . *

J'étois libre alors de tout engagement avec les Princes. J'avois contribué plus que perfonne, je puis le dire, à les faire fortir de prifon, & j'avois annoncé dès l'origine, que c'étoit à cet objet que je me bornerois. Dégoûtée des hauteurs de M. le Prince, qui me paroiffoit incapable de garder aucunes mefures, & peu fidèle à fes engagemens; fatiguée des incertitudes de Monfieur;

* Il y a ici plufieurs pages de perdues.

N

je réfolus dès - lors de m'attacher
uniquement à la Reine & au Miniftre. Après tant d'occafions man-
quées, il étoit clair qu'aucun parti
ne prendroit le deffus, & que le
tems feul feroit tourner les chofes
à l'avantage de la Reine & de fon
Miniftre, parce que le pouvoir
l'emporte toujours à la longue.
La fincérité que je mettois dans les
plus confufes intrigues, & peut-être
un peu de réputation d'habileté,
jointe au crédit que j'avois fur l'efprit
des perfonnes les plus importantes,
me firent rechercher de la Reine.
Une circonftance avoit déterminé la
confiance du Cardinal, & excita
même fa reconnoiffance. On parloit
un jour chez la Reine de la fin tra-

gique du Roi d'Angleterre , &
M. de Senneterre raconta quelques
circonſtances qui pouvoient avoir
amené cette ſanglante cataſtrophe.
« L'abandon qu'il a fait du Comte
» de Strafford , dis-je à la Reine ,
» a montré toute ſa foibleſſe , &
» après l'avoir forcé à ſacrifier
» l'homme qui avoit toute ſa con-
» fiance , ſes ennemis ont ſenti
» qu'ils pouvoient tout oſer. « J'in-
ſiſtai vivement ſur cet article ſans
aucun projet ; je m'apperçus que la
Reine devint rêveuſe , que Madame
de Navailles , Confidente du Cardinal, me regardoit attentivement , &
applaudiſſoit avec une eſpèce de
tranſport à ce que je diſois. « Vous
» avez raiſon , me dit la Reine , &

» c'eft une leçon pour les Rois, de
» ne pas abandonner leurs Minif-
» tres. » Je fentis l'application
qu'elle avoit faite, & je ne vous
cacherai pas que, dans ce moment,
je voulus profiter de ce que j'avois
dit fans projet, & uniquement
parce que c'étoit mon fentiment.
Je dis donc à Madame de Navailles
avec un air de fineffe : « il me femble
que ce que j'ai dit a fait une grande
impreffion à la Reine. » Elle me
ferra la main, & j'ai fu que le foir
même elle avoit rendu notre converfation au Cardinal. Quelques
jours après, la Reine fe fit honneur
de mon fentiment, & elle répéta
dans plufieurs circonftances, que
Charles I. avoit été victime de fa

foiblesse envers le Comte de Strafford , & en fit des applications aux
circonstances où elle se trouvoit.
J'ai lieu de croire que les réflexions
qu'elle fit d'après ce que j'avois dit
en cette circonstance, l'ont affermie
au milieu des dégoûts que lui cau-
soient quelquefois les embarras ex-
trêmes, où la jetoit l'animosité qu'on
avoit contre son Ministre. Le Cardinal fit un usage fort imprudent par
la suite de ce que j'avois dit sur les
affaires d'Angleterre. Il s'avisa de
comparer le Parlement de Paris à
la Chambre Basse , & quelques
Magistrats à Cromwel & Fairfax.
Il y eut un beau bruit au Parlement
sur cette comparaison, que Monsieur & le Coadjuteur ne man-

quèrent pas de faire valoir & de
paraphrafer de toutes manières. Le
Coadjuteur me dit à ce fujet : « Le
» Cardinal Mazarin a dit une
» grande fottife ; mais il fait bien
» de l'honneur au Parlement de
» fuppofer qu'il y ait parmi ces
» Robins un Cromwel. » . . . . . .
. . . . *

La rupture du mariage de Mademoifelle de Chevreufe, fut en partie
caufe de l'animofité que conçurent
les Frondeurs contre M. le Prince.
Il ne tarda pas à prendre l'alarme,
& à fe croire fans reffource & fans

---

* Plufieurs pages manquent ici.

afyle , lorfqu'il vit que la haine du parti étoit auffi vive contre lui que contre le Cardinal Mazarin.....

Dans peu de tems la conduite de M. le Prince l'avoit réduit au même état où il étoit avant fa prifon. Dé-tefté de la Reine & des Frondeurs, il fembloit qu'il n'y avoit d'autre moyen de calmer les troubles, de rétablir l'autorité, que de l'arrêter de nouveau. Je tâchai en vain de ramener les efprits, quels que fuf-fent mes motifs de mécontente-ment........... Perfonne ne vouloit fe fier à lui. On ne comptoit pour rien fa parole depuis la rup-ture du mariage. Sa légèreté , fes hauteurs avoient aliéné la Cour

& la Ville. Je me suis souvent demandé quelles pouvoient être ses vues, & je me suis convaincue qu'il n'en avoit aucune, & que toute sa conduite a été dirigée dans ces tems par l'emportement & la variation de son humeur. M. le Prince, enivré de succès dès sa plus grande jeunesse, n'a jamais fait de plan, & n'a jamais pu se persuader qu'il y eut personne au monde digne d'être ménagé par lui. La légèreté porte souvent les hommes à des propos & des actions inconsidérées, sans aucun dessein formé de choquer ou de nuire. Ceux qui en sont l'objet supposent des intentions & cherchent à se venger. De-là naissent des animosités réciproques, qui

engagent à fuivre des partis oppofés aux intérêts & aux fentimens :
enfin plus les traits partent de haut,
& plus ils font fenfibles. A travers
toutes les viciffitudes de la conduite
& des fentimens de M. le Prince,
il étoit cependant aifé d'appercevoir
qu'il tenoit de fon éducation & de
l'application à fes intérêts un penchant marqué à déférer à la Cour ;
mais fon humeur contrarioit fon penchant, & le jetoit fouvent dans le che-
min oppofé à fes intérêts. La réunion
de tant de haines contre M. le Prince,
penfa lui être fatale. La Reine étoit
déterminée à le faire arrêter de nouveau, & les moyens violens qu'on
auroit employé pour y parvenir,
ne menaçoient pas moins fa vie que

sa liberté. L'aversion de la Reine pour M. le Prince, étoit alors à un tel point que la certitude de la réconciliation la plus sincère, & celle du rétablissement du calme dans toutes les parties de l'État, ne l'auroient pas autant flattée que sa perte; il faut convenir que les sanglantes railleries de M. le Prince sur la Reine & le Cardinal, avoient dû produire un ressentiment ineffaçable dans son cœur. M. le Prince a risqué plusieurs fois dans l'espace de quelques semaines le fort du Maréchal d'Ancre; & d'Hocquincourt entre autres se proposa pour être le Vitry de cette catastrophe. La Reine supportoit presque aussi impatiemment l'absence du Cardinal que les hau-

teurs de M. le Prince; elle ne favoit
à qui fe confier. Le Cardinal gou-
vernoit de Breulh; mais il y avoit
bien des circonftances qui exigeoient
de prendre un parti au moment, &
la Reine étoit embarraffée & par la
crainte d'être blamée du Cardinal,
& par la difficulté des affaires. Un
jour elle m'entretenoit de fes chagrins, du peu de fonds qu'on pouvoit faire fur Monfieur, & des
trahifons de ceux qui paroiffoient
les plus dévoués à fon fervice & à
ce pauvre M. le Cardinal; enfin,
des exceffives prétentions de M. le
Prince. « Puifque Votre Majefté,
» lui dis-je; ne peut être afsûrée
» de la fidélité de ceux qui la fer-
» vent, j'emploierois contre mes

» ennemis l'activité du ressenti-
» ment de leurs propres ennemis.
» Je ne lui réponds pas que le
» Coadjuteur seconde ses vues pour
» le retour de M. le Cardinal, &
» il ne le pourroit pas sans se dis-
» créditer ; mais il vous débarassera
» de M. le Prince : c'est le seul
» homme qui puisse lui être opposé
» avec succès. Si Votre Majesté
» daigne témoigner quelque con-
» fiance au Coadjuteur, flatté de
» la servir & d'avoir à se mesurer
» avec le premier Prince du Sang,
» charmé de satisfaire son ressenti-
» ment, il emploiera tout ce qu'il
» a d'esprit, d'amis, de moyens,
» pour répondre à vos vues. Le
» Coadjuteur dispose de Monsieur ;

» il faura allier fes intérêts avec les
» vôtres , & lui en perfuader
» l'union. Votre Majefté a tout à
» craindre de M. le Prince, s'il
» venoit à connoître fes forces, s'il
» daignoit ménager les efprits pen-
» dant fix femaines. Avec fon
» efprit, fon courage, fa réputa-
» tion, que ne peut-il pas ofer ?
» Que Votre Majefté réfléchiffe à
» ce qui pourroit arriver, s'il s'unif-
» foit avec Monfieur par le mariage
» de fon fils. Il faut trancher le
» mot, Madame, il peut afpirer à
» tout, à la régence. Qu'eft - ce
» que peut craindre au contraire
» Votre Majefté d'un Archevêque ?
» Il faudra le faire Cardinal ? il le
» fera tôt ou tard, & il vaut mieux

» qu'il en ait l'obligation entière
» à Votre Majesté, que de le de-
» voir à la nécessité des circons-
» tances. Il s'opposera au retour de
» M. le Cardinal ? les autres ne s'y
» opposeront pas moins, & si M. le
» Prince y consent, ce sera après
» l'avoir avili, avoir anéanti l'au-
» torité Royale ; enfin, ce sera
» pour en faire le servile instru-
» ment de ses volontés. Le Coad-
» juteur voudra être premier Mi-
» nistre ? en supposant que ce soit
» son ambition, n'est - il pas
» préférable de le voir s'élever
» à cette place que M. le Prince
» de vive force à la régence ? mais
» il a trop d'esprit pour se persua-
» der, que les factions puissent

» pouffer un homme fubitement
» & violemment en quelque forte
» au premier emploi de confiance
» d'un Gouvernement. Votre Ma-
» jefté d'ailleurs pourroit le fatis-
» faire fans lui donner la première
» place, & l'engager au contraire
» à y fouffrir M. le Cardinal. Je
» fuppofe qu'un jour Votre Ma-
» jefté, contente de fes fervices,
» donne au Coadjuteur les Sceaux
» & le Gouvernement de Paris ;
» n'eft-il pas à préfumer que fon
» ambition feroit fatisfaite ? »

La Reine me laiffa achever fans
m'interrompre. La joie fe peignit
fur fon vifage quand je lui montrai
la perfpective de la défaite de M. le

Prince. J'allai plus loin , je lui proposai de le faire arrêter. Cette idée ne lui permit de faire aucune objection sur tout le reste : elle servoit trop efficacement son ressentiment. « Etes - vous chargée,
» me dit-elle, de me faire cette
» proposition ? —Non, Madame,
» lui dis-je, & je n'avois même
» aucune intention d'en parler à
» Votre Majesté en me rendant
» chez·elle ; c'est une idée qui
» m'est venue & non un projet
» concerté avec personne, ni
» même arrêté dans mon esprit. —
» Je vous demande votre parole la
» plus sacrée, me dit-elle, de ne
» vous ouvrir à personne d'ici à
» quelques jours de votre projet
» qui

» qui me ravit , & que je voudrois
» exécuter demain. Dans peu, je
» vous en dirai davantage. « Elle me
rappella ensuite pour me dire : » le
» Coadjuteur fera bien surpris de
» vous voir si animée contre M. le
» Prince. »

Je ne devois pas m'attendre que
la Reine adoptât un avis aussi décisif
sans consulter le Cardinal. Je ne me
trompai pas , & je reçus quelques
jours après un billet de lui, qui étoit
joint à une lettre très-bien raisonnée
qu'il écrivoit à la Reine. Il approu-
voit entièrement mon projet , &
m'en remercioit comme de l'idée
la plus heureuse. « Vous voyez ,
» me dit la Reine , lorsque j'eus lu

» la lettre du Cardinal , que le
» pauvre homme confent même à
» céder fa place au Coadjuteur.
» Il ne veut que le bien de l'État
» & la confervation de l'autorité. »
Lorfque le Coadjuteur fe fut entretenu avec la Reine , il vint par
fon ordre me faire part de fa converfation. Je fus furprife que la
Reine eût été jufqu'à lui offrir l'appartement du Cardinal au Palais
Royal, & l'entrée au Confeil. On
ne le preffa pas beaucoup fur ces
deux articles, à ce qu'il m'affura :
il s'y refufa, & je crois qu'il fit très-
mal. S'il avoit pu amener la Reine
à le loger au Palais Royal, fon habileté & la féduction de fon efprit
lui auroient dans peu fait acquérir

de l'afcendant fur cette Princeffe.
Un homme jeune, ambitieux, fpi-
rituel, habitué au commerce des
femmes, habile à flatter leur amour
propre, avoit bien des avantages
pour s'infinuer dans la confiance
de la Reine. Elle fe feroit accoutumée à le confulter, à fuivre
fes confeils. Enfin, le Coadjuteur
qui auroit fu fe rendre agréable à
une grande partie du Public, qui
auroit eu le Peuple pour lui, & qui
fe feroit fervi habilement du fan-
tôme appellé Monfieur, l'auroit
emporté bientôt fur un abfent, que
la Reine auroit regardé comme le
principe de tous fes chagrins &
des troubles qui agitoient l'État.
Plus j'ai réfléchi à la circonftance

où s'est trouvé le Coadjuteur , &
plus je me suis persuadé qu'il a manqué la plus haute fortune. Ceux qui
connoissent son caractère n'en seront
pas surpris. Séduit par l'éclat d'une
grande action & de l'extraordinaire,
il ne comptoit plus pour rien ses plus
solides & plus chèrs intérêts. Je ne
manquai pas de faire valoir auprès
du Cardinal la conduite franche
& désintéressée du Coadjuteur. « Il
» ne peut à la fois , lui disois-je , &
» vous servir pour votre retour en
» France , & combattre avec avan-
» tage M. le Prince. Il faut qu'il
» persiste dans son rôle , pour être
» utile à la Reine dans ce qui la
» touche en ce moment le plus
» sensiblement ; mais il agira tou-

» jours plus foiblement contre vous
» fans s'en rendre compte à lui-
» même. Engagé à fervir la Reine,
» il eft à préfumer que ce qu'il fera
» pour s'oppofer à votre retour,
» ne fera en quelque forte que pour
» l'acquit de fa confcience, dans
» la vue de ne pas fe difcréditer.
» Il fe commandera & raifonnera
» fes attaques, au lieu d'y être en-
» traîné aveuglément par fon ani-
» mofité. Si les chofes reftent dans
» l'état où elles font, le Coadjuteur
» ne vous en fera pas moins con-
» traire ; & d'un inftant à l'autre,
» il peut profiter de fon afcendant
» fur Monfieur, pour le réunir avec
» M. le Prince. Jeter la divifion
» parmi vos ennemis, eft la conduite

» la plus habile que vous puissiez
» suivre, dans une circonstance où
» tout est à craindre de leur réu-
» nion. En suivant le plan qu'on
» vous propose, vous opposez le plus
» habile au plus redoutable, & vous
» privez ce dernier de l'appui im-
» posant de Monsieur. Le tems doit
» tout ramener vers la puissance,
» comme tous les fleuves se rendent
» à l'Océan. Assuré, comme vous
» l'êtes, de l'affection de la Reine,
» à laquelle se joint la haine de vos
» ennemis, votre retour est cer-
» tain. Il en coûtera un chapeau;
» c'est comme si vous achetiez le
» pouvoir suprême par le don d'un
» hochet à un enfant. Mais quelle
» différence si votre retour étoit

» dû à M. le Prince, qui ne vous
» rappellera que pour vous con-
» duire comme un triomphateur à
» son char ! Déclaré votre Protec-
» teur aux yeux du Public, on verra
» dans lui l'arbitre de vos deſtins,
» qui vous éloigne, vous rappelle
» à ſon gré. Vous ne pourrez con-
» ſerver le titre & l'extérieur de la
» puiſſance, que pour faire ſans
» ceſſe le ſacrifice de la réalité à
» M. le Prince. » Je parlois enſuite
avec un grand éloge du refus que
le Coadjuteur avoit fait de l'appartement au Palais Royal, & du
Miniſtère. . . . . *

---

* Il y a ici une lacune.

O iv

M. le Prince ne tarda pas à sentir tout le danger de sa position. Il reçut des avis, & prit l'alarme sur la marche de deux Compagnies des Gardes, qu'il crut commandées pour le surprendre. Il partit en conséquence une nuit précipitament pour St. Maur, & ce ne fut pas sans raison qu'il se détermina à abandonner la Capitale, où il couroit de grands dangers.

Le Coadjuteur ne s'étoit vanté de rien à la Reine, qu'il ne fût en état d'exécuter, & il remplit exactement ses promesses. Il anima la grande fronde contre M. le Prince, & répandit des écrits, dont une partie étoit son ouvrage, pour décrier sa conduite, en dévoiler les principes, en faire fentir les conféquences. Le parti qu'il avoit dans le Parlement fe réveilla, & dans peu il fut en état de balancer celui de M. le Prince. Il fortit alors de fa retraite, & fe montra en état de guerre contre M. le Prince. Le Parlement fe trouva un jour invefti par des gens dévoués au Coadjuteur. Il étoit maître des poftes ; des armes étoient raffemblées dans divers endroits du Palais ; & ces préparatifs d'hoftilités établis, les mots de rallîment donnés, le Coadjuteur fe préfenta au Palais. Vous figurez - vous, au milieu de cette foumiffion de tous les ordres où vous êtes accoutumée de vivre, ce Cardinal que vous voyez fi fimple dans ses manières, recherché seulement de quelques Amis distingués dont la société fait les délices ; pouvez-vous vous le figurer à la tête d'une multitude de gens armés, dans ce Palais où tout respire à présent l'ordre, la décence & la paix, donnant des ordres d'attaque & de défense comme dans un camp ? Ne croyez-vous pas entendre une histoire de la Chine ou du Japon ? M. le Prince se rendit au Palais, accompagné de plus de gens de qualité, mais d'une suite moins nombreuse peut-être. Le Vainqueur de Rocroi, de Lens, se trouve en tête, dans un lieu où il n'avoit pas l'avantage des postes, l'Archevêque de Paris. Il y eut du trouble, il devoit y avoir du carnage, & la Reine, à qui d'inftant en inftant on venoit rendre compte de l'état des chofes, me dit : « S'ils alloient être tués tous deux ! » C'eût été effectivement un beau jour pour elle. Malgré le zèle que lui montroit le Coadjuteur, il n'y eut pas une goutte de fang répandu. On revint aux négociations, &, contre mon fentiment, la Reine facrifia les Sous-Miniftres.

La majorité du Roi fembla devoir redonner quelque vigueur à l'autorité. La Fronde, le Coadjuteur qui en étoit l'ame, étoient pour la Cour. Monfieur fuivit leur exemple, déterminé par le Coadjuteur. M. le Prince, embarraffé de fa pofition, fatigué des follicitations de fes Amis pour lever l'étendard de la révolte, prit enfin ce parti violent contre fon gré, & contre celui de la Cour qui cherchoit à le retenir. Ce fut une efpèce de fatalité qui détermina cette démarche, & Monfieur a été foupçonné aux yeux de beaucoup de gens de l'avoir favorifée par le defir d'être débarraffé de M. le Prince. . . . .

. . . . *

Un évènement heureux pour le Cardinal Mazarin, fut la mort du Duc de Bouillon, au moment où

---

* Il manque ici plufieurs pages.

il alloit remplir la place de Sur-Intendant des Finances. Le Cardinal n'en avoit aucun ombrage; mais un esprit aussi supérieur que celui du Duc de Bouillon, dans un poste qui lui eût donné autant d'autorité, joint à l'éclat de son nom & à ses prétentions, ne pouvoit que préparer au Ministre beaucoup d'embarras......
. . . . *

Le Cardinal de Retz vint enfin à Compiegne, où la Reine le reçut assez bien ; tout le monde y étoit en défiance. Là jalousie règnoit parmi toutes les Créatures du Car-

---

* Il y a ici une lacune très-considérable.

dinal Mazarin , empreſſées de ſe diſputer le mérite des évènemens : mais tous ſe réunirent pour nuire au Cardinal de Retz. Je crois que dès ce moment il ne connut pas ſa poſition , qu'il fut ſéduit par quelques mots obligeans de la Reine , & emporté par la vanité qui s'eſt toujours un peu mêlée dans toutes ſes actions. Aſſuré de Monſieur, il ne crut pas que la Cour prît jamais de parti ſans ſe concerter avec lui. Cela étoit probable & même dans l'ordre des intérêts de la Reine. Mais ſoit imprudence heureuſe, ou lumière acquiſe par quelque trahiſon , la Reine ſentit toute la foibleſſe de Monſieur , n'eut pour lui aucuns ménagemens , & eſſaya ſur lui-même le premier emploi de l'autorité Royale. On lui fit dire de sortir de Paris, & de se retirer à Limours; & il partit sans aucune résistance. Le Cardinal de Retz , auroit dû être étourdi de cet acte d'autorité exercé sur la première personne de l'État. Privé de son appui , il lui restoit peu de moyens, & les premiers momens propres à agir dans les circonstances critiques ne reviennent plus. La Majesté Royale avoit repris tout son éclat , & la puissance de la Reine se trouva en deux jours établie comme si elle n'avoit jamais reçu d'atteinte. Je m'apperçus, à un ton d'aigreur que prit la Reine en me parlant du Cardinal de Retz , que sa position étoit moins bonne qu'il ne la croyoit, & je cherchai à pénétrer plus avant, en excitant l'Abbé Fouquet à parler. Il ne me donna pas le tems de faire une grande dépense en pénétration ; car il me dit nettement, que ce n'étoit plus le tems pour le Roi de négocier avec ses Sujets, & que son avis étoit qu'on prît le Coadjuteur mort ou vif. Servien n'étoit guères plus modéré. Le Tellier seul auroit mieux aimé se débarrasser par des voies de douceur de la présence du Cardinal, & lui faire un pont d'or. Il seroit difficile de déterminer si la Cour étoit de bonne foi dans ses né-gociations avec le Cardinal de Retz, pour lui faire quitter Paris avec honneur, ou si l'on cherchoit à

l'amuser

l'amuſer pour ſaiſir l'occaſion de s'aſſurer de ſa perſonne. Je crois que l'un & l'autre ſont vrais ſuivant les époques. Cette différence de tems & de ſentimens n'eſt pas aſſez obſervée dans les affaires & dans l'hiſtoire, & fait porter des jugemens abſolument oppoſés. Si le Cardinal de Retz eût bruſqué ſon accommodement dans les premiers tems, ſans s'obſtiner à vouloir procurer des avantages à ſes Amis, & faire en quelque ſorte la loi, il auroit obtenu pour lui ce qu'il pouvoit deſirer. L'Abbé Fouquet imaginoit chaque jour quelque nouveau moyen de s'aſſurer de la perſonne du Cardinal de Retz, & vous allez voir, par ce que je vais vous raconter, quelle

P

étoit l'activité de sa haine, & ce que le Cardinal de Retz avoit à craindre au milieu des embûches qu'on lui tendoit.

Cet Abbé, enragé d'avoir manqué plusieurs entreprises contre le Cardinal de Retz, crut avoir trouvé un moyen de réussir. Le Cardinal avoit une affectation de galanterie qui contrastoit singulièrement avec son état, & je me souviens que Mademoiselle de Scudéry, l'entendant un jour débiter des complimens à Madame de Châtillon, me dit tout bas : *Nous avons un Archevêque qui est plus Berger que Pasteur* (a).

____

(a) Ce mot a été appliqué depuis à M. de Harlay.

L'Abbé Fouquet imagina de mettre à profit la foiblesse du Prélat, afin de l'attirer dans le piège. Mademoiselle de Sainte-Hélène, fille de dix-huit ans, d'une grande beauté & d'un esprit fort simple, parut à l'Abbé Fouquet un objet propre à séduire le Cardinal, & l'on a sçu depuis qu'il disoit à ses confidens : *Voilà l'hameçon qui me fera prendre le rouget.* La Mère de la Demoiselle, intrigante & pauvre, se prêta aux vues de l'Abbé qui n'épargna pas l'argent. La fille fut endoctrinée, siflée par lui ; & dans peu de jours elles débutèrent dans le monde avec un équipage brillant, de belles livrées, & tout l'éclat qui pouvoit relever le prix de la conquête. L'Abbé

Fouquet, & c'étoit l'objet effentiel,
avoit eu foin de les loger dans une
maifon qui avoit beaucoup de profondeur & une porte de derrière.
C'eft par là qu'on fit le projet de
faire fortir le Cardinal, après s'être
affuré de lui par force, dans le moment d'un rendez-vous donné par
la demoifelle. Les gens du Cardinal
l'auroient attendu de l'autre côté
fans inquiétude, & n'auroient pas
été furpris de le voir s'oublier dans
une maifon habitée par une auffi
charmante perfonne. Il s'agiffoit de
faire connoiffance avec le Cardinal
de Retz. La Mère imagina le prétexte de lui demander fa protection
auprès de Monfieur. La vue de la
Fille détermina bien vîte le Prélat

à promettre tout son appui. La déclaration suivit de près, & les gens du Cardinal s'empressèrent auprès d'une personne dont la conquête enflammoit tous les desirs de leur maître, & firent valoir sa générosité & son crédit. Mademoiselle de Sainte-Hélène ne montra de résistance que ce qui étoit nécessaire pour irriter sa passion, sans le désespérer. Elle parut flattée de l'effet que ses charmes produisoient sur un homme qui fixoit l'attention de la France & de l'Europe. Enfin, au bout de peu de tems, elle eut l'air de se rendre, subjuguée par son éclat, séduite par son esprit, & consentit à un rendez-vous. On ne pourroit pas décider lequel fut plus satisfait du Cardinal ou de l'Abbé Fouquet. La haine & l'amour dûrent se difputer à qui l'attente de ce rendez-vous feroit éprouver un fentiment de joie plus vif. Un incident dérangea tout. La demoifelle avoit un Amant : elle lui fit confidence de la Tragi-comédie qu'on préparoit. Il étoit parent de Montréfor : il ne perdit pas un inftant à l'inftruire. Le Cardinal de Retz en fut pour les frais de fon imagination, & l'Abbé Fouquet pour fon argent.

Je tâchai de faire entendre au Cardinal de Retz le danger de prolonger les négociations, & la néceffité d'accepter, fans balancer, les offres qui lui étoient faites de la

fur-intendance des affaires d'Italie,
avec une somme pour payer ſes
dettes. Je le vis pluſieurs fois; je le
preſſai; mais il étoit obſédé par ſes
Amis qui l'aveugloient ſur ſa ſitua-
tion. Voici ce queje lui écrivis dans
un moment où je ne pus le voir, &
qui précéda de peu ſon malheur.

« La conférence que vous avez
» eue avec Monſieur a tout changé
» pour vous. La Reine eſt perſuadée
» que vous avez conſeillé des bar-
» ricades. Jugez de ſes ſentimens
» d'après cette conviction, & s'il
» vous convient de ſuivre une
» généroſité aveugle pour vos
» Amis. Vous voulez des avanta-
» ges pour eux, tandis qu'il eſt

» queſtion de votre ſalut. Chaque
» jour, chaque délai rend votre
» ſort plus incertain, votre ſitua-
» tion plus dangereuſe, parce qu'on
» invente de nouvelles calomnies,
» qu'on vous prête des démarches,
» des intrigues propres à jeter
» l'allarme dans la Cour. On dit à
» la Reine : quelle confiance pren-
» dre dans un homme qui, dans le
» moment qu'il vous aſſure de ſa
» ſoumiſſion, qu'il preſſe le retour
» du Roi, exhorte l'oncle du Roi
» à la revolte, & à s'emparer de
» de ſa perſonne ? On dit que vous
» négociez avec M. le Prince,
» que votre projet eſt de vous re-
» tirer à Mézières ou à Charleville,
» de lui livrer ces places, & de

» vous joindre entièrement à lui
» & aux Espagnols. Ce n'est point
» abandonner ses Amis que de dé-
» rober au danger sa liberté , & sa
» vie qui peuvent un jour leur être
» utiles , lorsqu'on ne peut que
» risquer l'un & l'autre sans fruit :
» c'est servir leur intérêt que de
» songer à sa sûreté avant tout.
» Vous connoissez la violence du
» caractère des personnes qu'on
» consulte ; & leurs scrupules , je
» crois , ne doivent pas vous rassu-
» rer. Acceptez donc tout ; il en
» est tems encore : je voudrois vous
» savoir sur la route de Rome.
» Souvenez-vous de votre prédic-
» tion à Monsieur : *Vous serez fils de*
» *France à Blois , & moi Cardinal*

» *à Vincennes*. La moitié en eſt
» vérifiée. Ceux qui vous entourent
» ont des intérêts , s'aveuglent ſur
» vos moyens. Je ſuis plus à portée
» de juger , & je n'ai aucun in-
» térêt. »

Vous ſavez que pluſieurs fois des
rêves m'ont annoncé les évènemens
intéreſſans de ma vie. Je n'ignore
pas tout ce que la raiſon peut oppoſer de victorieux à ma crédulité ;
mais que peut la raiſon contre les
faits, ainſi que contre le ſentiment?
Il ne faut pas être doué d'un eſprit
ſupérieur pour acquérir la démonſ-
tration que les morts ne peuvent
rien , & que les vivans ſeuls ſont
à craindre. Je le donne au plus

brave : qu'il entre la nuit dans un caveau, qu'il y reste une heure au milieu des cercueils, & qu'il me dise s'il n'a pas éprouvé une secrette terreur. On fourre sa tête dans ses couvertures en entendant gronder l'orage, & l'on sait bien que la foudre ne sera pas arrêtée par cet obstacle. On craint la nuit les revenans dont on plaisante le jour. On est frappé des prédictions des devins. Les plus célèbres personnages de l'antiquité ne regardoient pas les songes comme indifférens ; ils ajoutoient foi aux prédictions, & peut-être la confiance qu'elles inspiroient a soutenu plus d'un grand homme au milieu des revers & des infortunes qui auroient dû

l'abbattre : les efpérances des deftinées qui lui étoient annoncées,
ont animé fon courage prêt à s'é-
teindre. Qui peut fe vanter de connoître l'effence de l'efprit de l'homme, & fes relations avec tout ce
qui l'environne ? Qui peut affigner
avec certitude les caufes de ce qui
fe paffe en nous pendant le fom-
meil, expliquer comment les objets
paroiffent préfens, quand tout l'ef-
fort de l'imagination ne peut les
rendre auffi fenfibles lorfqu'on eft
éveillé ? On voit des perfonnes ab-
fentes, on converfe avec elles, &
elles répondent fuivant leur efprit
& leur caractère. On fouffre enfin,
& l'on eft heureux réellement en
fonge. Pardonnez cette digreffion

néceffaire pour juftifier ma crédulité. Je m'abandonne à vos plaifan-
teries plutôt que de ne pas vous
dévoiler mes foibleffes, & ce qui
eft plus courageux, mes ridicules.
Je reviens à mon fonge. Il me fembla une nuit en dormant, que
j'étois dans une vafte forêt, peuplée
de divers animaux. Il y avoit des
Lions, des Singes, des Tigres,
des Renards. Un Cerf agile & au-
dacieux, étoit pourfuivi par la plupart des animaux qui employoient
contre lui la force & la rufe ; mais
il échappoit fouvent à leurs pièges
par fon inftinct & fa légèreté. Je
voyois les embûches qu'on lui tendoit, & je l'avertis plufieurs fois,
fans qu'il y fît grande attention.

Une jeune Biche blanche s'appro-
cha de lui, & l'engagea à le fuivre.
Je tâchai vainement de le faire fortir
d'une route où je voyois des pièges
habilement tendus. La Biche blanche l'entraîna, malgré mes confeils
& mes prières, & je le vis bientôt
après pris dans le piège. Il y refta
quelque tems, & en fortit privé
de fon bois, & eftropié. Je me ré-
veillai en furfaut, & le jour même
j'appris que le Cardinal de Retz étoit
arrêté. Madame de Lefdiguieres
étoit la Biche blanche qui l'avoit
égaré.

Un confident du Cardinal de
Retz vint chez moi la nuit déguifé,
pour s'entretenir de ce trifte évé-

nement qui jeta la consternation parmi tous ses Amis. Après avoir épuisé tous les moyens de lui procurer sa liberté, dont aucun ne nous parut assuré : « il n'y en a qu'un, lui dis-je, de facile, d'infaillible, de prompt ; mais il exige la plus grande célérité pour l'exécution. La liberté du Cardinal de Retz, tout bien considéré, est entre les mains des Prêtres : la conduite courageuse du chapitre & des Curés, peut seule briser promptement les chaînes de leur Archevêque. Je ne répondrois pas qu'il sorte vivant de sa prison ; mais il faut passer par-dessus cette crainte qui ne l'arrêteroit pas. Qu'on ferme les Eglises, que tous secours spirituels soient réfusés pendant trois jours, & le Cardinal de Retz est en liberté le quatrième. La Cour tremblera ; le Public se soulèvera lorsque les enfans feront privés du baptême, lorsque les mourans demanderont en vain les Sacremens. Le peuple animé par le Coadjuteur a fait sortir Broussel de prison. Excité par tout le Clergé, consterné d'être sans Prêtres & sans Autels, le Peuple fera les plus grands efforts pour rétablir la communication interrompue avec le Ciel. Un grain de religion mis dans les affaires générales est mille fois plus à craindre que toutes les intrigues des Frondeurs. » Il fut de mon avis ; mais l'oncle du Cardinal de Retz, vieux, foible, jaloux de

son

fon neveu , n'ofa ou ne voulut pas embraffer ce parti décifif. Le chapitre n'agit que foiblement, & les verroux de Vincennes fe fermèrent pour long-tems fur le Cardinal de Retz.

Vous avez dû voir dans le cours des évènemens que je viens de vous faire parcourir, qu'il n'eft aucun des perfonnages principaux qui ait fu mettre à profit les momens décififs. Aucun d'eux n'a connu fes forces ; & ni Monfieur, ni M. le Prince, n'ont jamais fu précifément ce qu'ils vouloient. Il m'eft facile de vous convaincre de cette vérité , par un tableau en racourci des fautes de chacun des Acteurs qui ont rempli la Scène.

Q

M. le Prince auroit pu aspirer à la régence ; c'étoit le seul objet digne de son ambition, & il n'en a jamais eu l'idée. Il a exposé sa liberté, sa vie, & la fortune de sa maison, pour le plaisir de ne pas se contraindre, & par l'appas des plus foibles avantages. Il s'est séparé de la Cour vers laquelle son penchant l'attiroit, & il a fait la guerre civile à laquelle il répugnoit par principes.

Monsieur détestoit le Cardinal Mazarin, & il a pu dix fois le faire arrêter au Luxembourg, le livrer au Parlement, ou l'envoyer en Italie. Un moyen si simple n'est jamais tombé dans son esprit. Il s'est brouillé avec M. le Prince ; il a pu le faire arrêter chez lui, on lui en a donné le conseil, & il n'a pas osé. Il n'a eu qu'un pas à faire pour être Régent, & n'en a pas eu la velléité.

Le Cardinal de Retz a pu s'opposer à la rentrée du Roi à Paris, & il l'a précipitée contre l'avis de tous ses Amis & contre ses intérêts.

Enfin la Reine, avec tout le poids de l'autorité, environnée de tout l'éclat du Trône, avec des trésors à répandre pour diviser les partis & gagner les Chefs, avec des armées à ses ordres, s'est laissée réduire à fuir de sa capitale. . . . .

* *Il se trouve ici une lacune considérable.

Céſar eſt le plus grand homme dont puiſſe ſe vanter l'humanité, parce qu'il eſt peut-être le ſeul qui ait ſu remplir tout ſon mérite.

. . . .

. . . .

Ces Mémoires ne ſont point achevés : ils paroiſſent avoir été écrits vers 1664, avant que la Princeſſe Palatine, long-tems incrédule, enſuite incertaine, eut conſacré, ſans retour, ſa vie entière à la dévotion & à la plus auſtère pénitence. C'eſt à cette époque, ſans doute, qu'elle aura renoncé à continuer des Mémoires qu'elle ſe ſera repenti d'avoir commencés; elle les aura enſuite oubliés; peut-être aura-t-elle cru les avoir brûlés; peut-être ont-ils été conſervés par la perſonne à qui ils étoient adreſſés. On a trouvé jointe à ces Mémoires, une Lettre de la Princeſſe Palatine à Madame de Leſdiguieres, ſans datte, mais qui doit évidemment avoir été écrite vers la fin de Septembre 1661. Cette Lettre a la même authenticité que les Mémoires, avec leſquels d'ailleurs elle a une liaiſon ſenſible. Nous avons cru que le Public la verroit avec plaiſir, & qu'il nous ſauroit gré de n'avoir rien retranché du manuſcrit précieux que nous lui faiſons connoître.

LETTRE

DE MADAME

LA PRINCESSE PALATINE

A MADAME

DE LESDIGUIERES.

« CE n'eſt point, Madame, un
» grand malheur pour notre Ami,
» comme quelques Perſonnes le
» penſent, que la diſgrace du Sur-
» Intendant. Il ne s'intéreſſoit à
» M. le Cardinal de Retz, que par
» le déſir d'enlever à M. le Tellier
» une négociation importante, &

Q iij

» par la manie d'attirer à lui toutes
» les affaires. Il se croyoit premier
» Ministre depuis six mois , & une
» partie du Public partageoit & fa-
» vorisoit par ses empressemens
» cette illusion. Il est bien simple
» que notre Ami, dans l'éloigne-
» ment où il est des affaires & des
» personnes , soit tombé dans la
» même erreur. Il y a eu bien des
» Ministres disgraciés depuis trente
» ans ; aucun n'est tombé avec
» tant d'éclat, & n'a inspiré autant
» d'intérêt. L'acharnement de ses
» ennemis redouble encore la com-
» passion publique. Il y a un grand
» nombre de Femmes qui n'osent
» se montrer ; ce sont celles dont
» on a trouvé des Lettres , des

» Portraits, parmi les papiers du
» Sur-Intendant : on parle d'une
» grande caſſette qui en eſt rem-
» plie, ainſi que de cheveux de
» toutes les couleurs ; le tout eſt
» étiqueté avec un ordre admira-
» ble, & qu'il ſeroit fort à deſirer
» qu'il eût mis dans ſes autres affai-
» res. Le Tellier paroît être dans
» une grande faveur, & Colbert,
» homme d'affaires du Cardinal
» Mazarin, deſtiné à ſuccéder à
» M. Fouquet. Je crois que c'eſt
» à M. le Tellier que notre Ami
» doit s'adreſſer ; mais il le connoît
» de longue main, & doit être en
» garde contre ſes ruſes. Le Sur-
» Intendant plus décidé, plus gé-
» néreux, plus curieux de gloire,

» auroit mieux convenu à ſes inté-
» rêts, & je le regretterois s'il avoit
» eu le crédit néceſſaire ; mais
» depuis long-tems le Roi n'avoit
» nulle confiance en lui. Je ne
» puis être utile à notre Ami dans
» la poſition où je me trouve ; la
» plus noire ingratitude a été le
» prix dont on a payé mes ſervices ;
» & la part que j'ai eue aux affaires,
» loin de ſervir à ma conſidéra-
» tion à la Cour, eſt un motif de
» défiance & d'éloignement. On
» me fait l'honneur de me crain-
» dre, & on ſuppoſeroit des pro-
» jets d'intrigue dans la plus ſim-
» ple démarche que je ferois pour
» ſervir mes Amis. Je ſuis un
» Acteur hors de la Scène. Après

» les grands évènemens dont j'ai
» été témoin, où j'ai joué un rôle
» intéreſſant, les tracaſſeries de
» Cour me paroiſſent bien inſipi-
» des, & j'ai la plus grande indif-
» férence pour ce qui ſe paſſe. La
» Reine Mère eſt embarraſſée avec
» moi; elle m'a ſacrifiée à l'avi-
» dité d'un homme mourant, dont
» elle avoit à ſe plaindre, qu'elle
» n'aimoit plus : la foibleſſe ſera
» éternellement le défaut des Prin-
» ces. Ce qu'il y a de plus ſimple
» en apparence, c'eſt d'avoir une
» volonté, un ſentiment, & c'eſt
» ce qu'il y a de plus rare : les
» hommes ſont ſi bien familiariſés
» avec l'inconſtance & la foibleſſe,
» que celui qui veut conſtamment,

» & qui conserve les mêmes senti-
» mens, passe pour extraordinaire.
» J'embellis ma maison, je cultive
» mes Amis, je m'entretiens du
» passé avec eux, & j'arrange mes
» affaires, auxquelles j'ai trop peu
» songé dans le tourbillon des
» grands intérêts qui m'ont agitée.
» Je me laisse aller à vous parler de
» moi, & mon projet en prenant la
» plume étoit de vous entretenir
» du Cardinal de Retz : je reviens
» à ce qui le regarde. La Cour a
» grande envie de finir son affaire,
» on consentira à lui donner des
» revenus ; mais on le forcera à
» ne parler que de lui. Ce n'est
» plus le tems de composer pour
» ses Amis, de faire un traité.

» Il est réduit à accepter un par-
» don ; ce seroit embrouiller ses
» affaires, que chercher à y faire
» entrer les intérêts de ses Amis.
» M. de Chandenier est malheu-
» reux, mais sa charge est don-
» née, & ne lui sera pas rendue.

» En m'occupant de l'arrange-
» ment du Cardinal de Retz avec la
» Cour, j'ai poussé mes réflexions
» plus loin, & je me suis demandé
» quelle seroit sa place dans le
» monde, après le rôle qu'il a joué.

» Dans les premiers jours qu'il
» se montrera à la Cour, il fixera
» tous les regards, on s'empressera
» sur ses pas, & il pourroit bien

» prendre la curiosité pour de l'in-
» térêt & de la considération. Les
» Courtisans chercheront dans ses
» manières, sa figure, ses expres-
» sions, la matière d'un ridicule,
» & avec tout son esprit il y prê-
» tera peut-être ; six ans d'absence
» de la Cour y rendent étranger,
» & l'on passe pour ridicule lors-
» qu'on ignore la mode & le jargon
» du moment. Quand la Ville &
» la Cour se feront rassasiées de la
» vue du Cardinal, qu'on aura
» épuisé le chapitre de son traite-
» ment, de sa réception, cité quel-
» que trait de sa conversation, que
» les femmes & les gens à la mode
» auront jeté quelque ridicule sur
» lui, il tombera dans l'oubli, Une

» Cour jeune, galante, occupée
» de bals & de comédies, s'em-
» barraſſera peu d'un homme qui
» aura l'air d'un Romain reſſuſcité.
» Quelques anciens Amis lui reſ-
» teront attachés, & quelques cer-
» veaux creux ſe perſuaderont qu'il
» pourra encore gouverner, &
» peut-être lui mettront cette chi-
» mère dans l'eſprit. Si le Cardinal
» de Retz avoit une grande for-
» tune, ſon rôle ſeroit moins em-
» barraſſant; la richeſſe eſt, après la
» faveur, ce qui attire le plus les
» hommes ; il pourroit avoir une
» grande maiſon, accueillir les
» ſavans, les gens de mérite, &
» il deviendroit du bon air d'être
» admis chez lui. Mais notre Ami

» a des dettes immenſes , & je
» connois l'élevation de ſon ame ,
» il ſe fera un devoir & une gloire
» de payer ce qu'il doit , de rendre
» à des Amis , qui l'ont généreuſe-
» ment ſecouru, des ſommes dont
» ils ſe ſont privés pour le faire
» ſubſiſter avec la dignité conve-
» nable. Tout bien examiné , il
» n'y a que trois partis à prendre.
» Le premier d'obtenir de ſe retirer
» à Rome , où il emporteroit ſa
» gloire & ſa réputation ; mais à
» Rome un Cardinal eſt un per-
» ſonnage ſi conſidérable , qu'il ne
» lui eſt pas permis de vivre ſans
» faſte & ſans une grande magnifi-
» cence extérieure ; il faut donc
» renoncer à ce parti qui auroit eu

» beaucoup d'avantages. Le second
» de se retirer à Commercy, d'y
» vivre dans la solitude, la plus
» grande simplicité, & la pratique
» des vertus chrétiennes, d'y em-
» ployer son tems à écrire pour la
» défense de la Religion & l'édi-
» fication publique. S'il pouvoit
» adopter ce genre de vie, & le
» suivre constamment pendant dix
» années, il seroit un jour le
» premier homme de son siécle
» aux yeux des Gens du Monde,
» de la Cour, de la Ville, des
» Dévôts, du Peuple, de l'Europe.
» Ce seroit un nouveau St. Au-
» gustin, connu comme lui par ses
» égaremens, sa conversion, &
» la sublimité de son génie. La

» vie simple qu'il auroit menée
» l'auroit mis à portée d'acquitter
» ses dettes , & il se trouveroit
» après ces dix années un revenu
» immense. Il n'est point de place
» à laquelle il ne pût alors aspirer,
» porté par une réputation qui
» n'auroit rien d'égal au monde ;
» il auroit à choisir dans les places
» de l'Eglise les plus éminentes,
» & obtiendroit peut-être la part
» qu'il voudroit au Gouvernement.
» Voilà un beau rêve que je fais,
» m'allez-vous dire. Hélas ! je le
» fais ; le premier joli minois que
» trouvera sur ses pas notre nou-
» veau St. Augustin , détruira l'é-
» difice de sa sainteté. Revenons
» à ce qu'il y a de plus simple :

qu'il

» qu'il vive à Commercy d'abord,
» ensuite à Paris, quand on lui
» permettra ; mais qu'il ne se
» laisse pas entraîner à l'enthou-
» siasme du moment ; qu'il voie
» peu de monde, & qu'il évite les
» grands engagemens de cœur ;
» car vous connoissez notre Ami,
» s'il se prend de passion pour
» quelque intrigante, il sera gou-
» verné par elle, & exposé à don-
» ner dans tous les travers d'une
» ambition mal éteinte, qui em-
» brassera des chimères faute de
» réalité. Voilà ce que j'avois à vous
» dire, Madame, sur notre Ami,
» que vous êtes à portée plus que
» moi d'instruire & de conseiller.
» M. de la Rochefoucault, à qui

R

» je montre ma Lettre, est de mon
» avis : c'est vous en dire assez. Il
» me charge au surplus de vous
» mander , quoique cela n'ait
» guères de rapport avec mon su-
» jet, qu'il persiste dans ce qu'il
» vous a dit sur l'amour - propre
» & la coquetterie ; qu'il fera un
» petit traité pour prouver que la
» vertu seroit une qualité com-
» mune , s'il n'y avoit de femmes
» galantes que celles que le cœur
» ou les sens déterminent. C'est un
» Observateur éclairé , & qui a
» une grande expérience ; il m'a
» cité des traits de Madame de
» Longueville , qui fortifient son
» opinion. A l'en croire, il apper-
» cevoit, dans tout, l'amour-propre

» de fa Princeffe, & le voyoit fans
» ceffe faire l'office de fon cœur
» & de fes fens. Il l'aimoit paffion-
» nément, & cependant dit-il,
» il me paroiffoit évident dans les
» momens de réflexion, que le
» rôle qu'elle croyoit jouer par
» moi dans les affaires, étoit le
» feul principe de fes fentimens.
» M. de la Rochefoucault eft peut-
» être un peu fufpect, il eft comme
» ces Médecins qui dans toutes les
» maladies voient celle qu'ils ont
» le plus particulièrement étudiée ;
» mais enfin, il a des traits de lu-
» mière qui pénétrent jufqu'au fond
» du cœur, & je lui dois en partie
» de me connoître. Croyez-vous
» au refte qu'on foit fa propre dupe

» autant qu'on paroît l'être fou-
» vent ? que Madame de Chatillon
» par exemple, qui foutient des
» Thèfes de grands fentimens, ne
» fache pas à quoi s'en tenir fur fes
» véritables difpofitions ? Madame
» de M..... ne donne pas dans ce
» travers, elle fe contente d'en im-
» pofer par fa hardieffe : fans doute
» que, fans s'en rendre compte,
» elle penfe comme le Cardinal de
» Retz, qu'il eft beau d'être la
» première dans fon genre, quelque
» mauvais qu'il foit, & que c'eft
» un fûr moyen de ne jamais tom-
» ber dans le mépris. J'ai tout le
» loifir de faire à préfent des ré-
» flexions morales ; il a été un tems
» où je me trouvois tombée de

» la convulsion dans la léthargie,
» mais à présent je sens le prix
» d'une tranquillité que divers inté-
» rêts animent. Je vends des terres
» pour payer mes dettes, je marie
» des filles, & je m'occupe de mes
» enfans ; mes journées coulent
» plus rapidement, parce que je
» ne desire pas si vivement le len-
» demain. Autrefois la vivacité de
» mes intérêts me faisoit souhaiter
» d'ajouter un jour à un jour, pour
» atteindre promptement à l'objet
» qui excitoit mes desirs ; & lors-
» qu'il se présentoit, le plaisir ou
» le succès étoient toujours au-
» dessous de la peinture que m'en
» avoit offerte mon imagination.
» Je me fais un grand plaisir de

» songer que je causerai un jour
» dans le calme avec notre Ami.
» Il a vécu mille ans dans dix ou
» douze années, par la multitude
» de sentimens qui se sont succé-
» dé, la vivacité des passions qui
» l'ont agité, l'importance & la
» variété des affaires qui l'ont oc=
» cupé, des plaisirs qui l'ont eni-
» vré. Toutes ces diverses situations
» n'ont pas passé comme un ta-
» bleau mouvant, il a réfléchi à
» mesure qu'il agissoit & qu'il sen-
» toit. Il s'est fait des maximes
» d'après l'expérience, il pourroit
» faire un code de morale utile
» aux Rois, aux Princes & aux
» hommes de toute condition. J'ai
» vécu aussi quelques siécles, &

» j'ai observé. La démangeaison
» d'écrire me prend quelquefois ;
» mais c'est Monsieur le Cardinal
» de Retz en qui elle seroit bien
» placée. Une chose m'arrête dans
» le projet d'écrire : j'aime à tout
» dire, & une femme ne peut ja-
» mais dévoiler tous ses sentimens,
» expliquer par conséquent le vrai
» principe de la plupart de ses
» actions, de ses divers engage-
» mens. Peut-être succomberai-je
» à ce desir. Autrefois je faisois des
» confessions générales, & je crois
» que le plaisir de parler de moi ,
» de m'abandonner sans inconvé-
» nient, entroit autant que la dé-
» votion dans cette effusion de
» mes sentimens, dans cette pein-

» ture fidèle de mes actions. Je sens
» que je fais un traité , & je ne
» comptois vous écrire que quel-
» ques lignes sur notre Ami. Je
» me laisse aller au plaisir de m'en-
» tretenir avec vous , & parce que
» je suis bien sûr que M. de Retz
» vous remettra fidèlement ma
» Lettre. On craint d'écrire en ce
» moment, on craint de parler,
» toute correspondance est sus-
» pecte depuis la disgrace du Sur-
» Intendant ; on épie ses Amis,
» & les plus indifférentes connois-
» sances sont présentées comme
» des Amis par ceux qui desirent
» leur nuire. Je plains beaucoup
» Madame Duplessis Bellière, on
» dit qu'on a mis le scellé sur

» ſes papiers. Gourville n'eſt pas
» encore arrêté, mais on ne doute
» pas qu'il ne le ſoit. La conſter-
» nation eſt parmi tous les gens
» d'affaires ; ils s'attendent à une
» chambre de juſtice : frappez le
» Paſteur, & les brebis feront diſ-
» perſées. On fait mille alluſions
» ſur les lézards de Le Tellier, & la
» couleuvre de Colbert. Si l'on en
» croit les Courtiſans, le Roi gou-
» vernera par lui-même. Il prend
» goût au travail, il veut tout voir,
» tout ſigner, cela eſt beau à vingt-
» trois ans ; mais ſes fréquentes
» viſites dans la chambre des Filles
» d'honneur, font croire qu'il trou-
» vera qu'il eſt des moyens de paſ-
» ſer plus agréablement ſon tems.

» La chaſſe & les ballets ſont en-
» core de grands obſtacles. La ſai-
» ſon de la campagne commence
» à s'avancer : ne reviendrez-vous
» pas être témoin des grands chan-
» gemens qui ſe préparent? J'ou-
» bliois de vous dire qu'il faut
» conſeiller au Cardinal de s'adreſ-
» ſer directement au Roi, ou à ſes
» Miniſtres. Les Négociateurs ne
» cherchent qu'à ſe rendre néceſ-
» ſaires, & compliquent les affai-
» res par le mélange de leurs inté-
» rêts. Tous ces Entremetteurs
» cherchent à ſe nuire & à l'em-
» porter, & il ſemble qu'ils pren-
» nent plaiſir à donner un air
» d'intrigue à leurs négociations.
» Que notre Ami ſe conſulte bien,

» qu'il confulte M. de Caumartin
» qui eft défintéreffé, zélé, &
» homme d'efprit, & qu'il faffe
» fes propofitions nettement. Des
» Abbayes & une fomme d'argent
» la plus forte poffible, voilà à
» quoi il faut fe réduire. Adieu
» Madame, revenez ; ce ne fera
» jamais affez tôt pour moi, & je
» dirai pour vous, car la vie des
» châteaux ne vous vaut pas. »

F I N.

www.ingramcontent.com/pod-product-compliance
Lightning Source LLC
LaVergne TN
LVHW050408060726
842524LV00002B/502